通常の学級で行う特別支援教育

中学校
ユニバーサルデザインと合理的配慮でつくる授業と支援

花熊 曉・米田 和子

明治図書

まえがき

　本書は，『通常の学級で行う特別支援教育1　〈小学校〉ユニバーサルデザインの授業づくり・学級づくり』の続編として公刊した。

　特別支援教育が始まって約10年が経過した今日，特に授業のユニバーサルデザイン化については，小学校だけでなく，中学校・高校・大学にまで広がりつつある。小学校では，多くの地域で新任教員が増えている現状にあって，長年の教職経験によってではなく，誰でも取り組むことが可能な授業のユニバーサルデザイン化が求められており，特別な支援を必要とする子どもたちだけでなく，すべての子どもたちにとっても学びやすい環境設定と授業の構成，指導方法につながるものとして，全国的に取り組みが進み始めていると言える。

　一方で，平成23年8月の「障害者基本法」の一部改正及びその延長線上としての平成25年6月の「障害を理由とする差別の解消の推進に関する法律」（障害者差別解消法）の制定によって，障害者の権利を遵守するための「合理的配慮」の提供が法的にも義務づけられたことは，歴史的に大きな意義がある。こうした流れを受けて文部科学省も，平成22年度からワーキンググループを中心に合理的配慮を具体的に検討してきた結果，国連の「障害者の権利に関する条約」の第24条に基づき，教育についての障害者の権利を認め，この権利を差別なしに，かつ，機会の均等を基礎として実現するため，障害者を包容する教育制度（インクルーシブ教育システム）等を確保することとし，その権利の実現に当たり確保するものの一つとして，「個人に必要とされる合理的配慮が提供される」等が必要とされている。

　大学入試センター試験においては，平成23年度の入試から発達障害に対しても入試での様々な配慮が実施されるようになった。しかしながら，合理的配慮を受けるにあたっては，それまでの中学校生活，高校生活の中ですでに合理的配慮を受けてきたという実績が必要となることは言うまでもない。では，実際，中学校や高校において合理的配慮がどの程度実施されているかというと，まだまだ不十分な状況である。

　「合理的配慮」は，障害者権利条約の第2条で，「障害者が他の者との平等を基礎として全ての人権及び基本的自由を享有し，又は行使することを確保するための必要かつ適当な変更及び調整であって，特定の場合において必要とされるものであり，かつ，均衡を失した又は過度の負担を課さないものをいう」と定義されているが，条約のこの文言にあるように，合理的配慮は「他の者との平等を基礎として全ての人権及び基本的自由を享有」することを前提としていなければならない。その視点から学校教育の今後の在り方を考えると，まず前提として，通常の学級にいるすべての子どもたちに対して，基礎的な環境整備が十分に保障されなければならないということである。アメリカ合衆国のRTIモデルでも示されているように，特別支援というのは，まずはじめに，通常の学級にいるすべての子どもたちを対象とした適切な学習環境

の設定と科学的根拠に基づく効果的な授業方法が実施されることが必要で，特別な教育ニーズがある子どもへの個別的な支援は，そのことを基盤に，かつ，可能な限り通常の学級環境の中で行われなければならないのである。この点で，学習環境や授業のユニバーサルデザイン化とは，障害の有無に関わりなく，すべての子どもたちが学びやすい環境を設定すること，すべての子どもたちが意欲と興味をもって参加できる授業をつくっていくことであり，学びにおける科学的根拠に基づいた「基礎的環境整備」だと言える。

　学校現場の現状を見ると，小学校ではユニバーサルデザインの授業や学級づくりは広がりやすい要素をもっている。それは，この年齢時期の子ども，特に低学年の子どもでは，まだ学習のための言語が不十分で，学習習慣も十分に定着できていないことなどから，視覚的手がかりの使用や指示・説明の簡潔化・明確化が必要とされるからである。そのため，それらの延長としてのユニバーサルデザイン化は受け入れやすく，取り組みやすいという背景がある。これに対して，中学校や高校では，学習の基礎となる諸能力やスキルは十分に発達・獲得しているという前提のもとに日常の授業が行われるために，ワーキングメモリーの容量が少ない，プランニング能力が弱い，視覚的短期記憶が弱いなどの課題がある生徒は，学習から取り残され，自分に合う学習方法も見つからず，学習を放棄してしまいやすい。そうした状態は「本人の努力が足りない」と見なされがちで，結果として二次的問題が生じ，不登校や退学に結びついていくことも多く，そのことから「中学校や高校では，小学校に比べて特別支援の取り組みが遅れている」との指摘がよく聞かれる。しかしながら，筆者は，5年程前から巡回相談で関わってきた中学校を見て，「中学校こそ特別支援教育が進む！　中学校こそ，ユニバーサルデザインの授業や学級づくりが進む！」と感じるようになった。

　本書では，第1章で，まず中学校期の特徴と中学校が置かれている現状を述べ，次に，ユニバーサルデザインの視点に立った基礎的環境整備に全校的に取り組んでいる学校，教科を越えたユニバーサルデザインの授業研究を実施している学校の実践を紹介する。さらに，中学校ではまだ少ない通級指導教室と通常の学級が連携しての取り組みも紹介したい。

　また，第2章では，教科の専門性を発揮した授業のユニバーサルデザインを，授業の指導案を通して紹介すると共に，テストでの配慮や高校進学に向けての取り組みにも触れたい。

　最後の第3章では，教科の専門性を生かした教員間の共通理解を深めるための方法と，中学校での取り組みにおける今後の課題について述べる。

　本書で紹介する様々な取り組みは，まだ始まったばかりのものであるが，中学校における特別支援教育の推進と学習環境・授業のユニバーサルデザイン化に少しでも役立てば幸いである。

　　　　　　　　　　　　　　　　　　　　　　　　　　　　　編著者　米田和子

中学校 ユニバーサルデザインと合理的配慮でつくる授業と支援

目次

まえがき 2

第1章 中学校の特別支援教育をどう進めるか

1 中学校期はどのような時期か
1 中学生の発達課題 7
2 中学校で取り組みが求められる背景 9
3 巡回相談で見られる中学校の現状 11

2 中学校で進み始めた特別支援教育
1 特別支援教育の現状と課題 14
2 支援を求めている生徒たち 18

3 中学校　通常の学級の特別支援教育
1 ユニバーサルデザインの取り組みから学びの向上へ 22
2 学校環境と学習環境の整備からユニバーサルデザインへ 26
3 どの教科にも共通するユニバーサルデザインの授業づくり 34
4 公開授業研究会で進める授業のユニバーサルデザイン化 42

4 中学校　通級指導教室の役割

1. 「本当は勉強がわかりたい」の言葉から始まった支援 …… 48
2. 生徒を支えるチームの一員として …… 52
3. 教科のつまずき支援がつながりをつくる …… 56
4. 通級指導教室の課題と今後の取り組み …… 62

第2章
ユニバーサルデザインと合理的配慮の視点でつくる授業

1 授業におけるユニバーサルデザインと合理的配慮

1. 国語科（1年：小説の読解） …… 64
2. 国語科（3年：詩） …… 69
3. 社会科（歴史，公民） …… 72
4. 社会科（3年：公民） …… 76
5. 数学科（2年：図形） …… 80
6. 音楽科（2年：表現・器楽） …… 87
7. 美術科（1年：デッサン） …… 93
8. 外国語科（英語） …… 97
9. 特別な教科　道徳（1年） …… 105
10. 特別な教科　道徳（2年） …… 108
11. 特別な教科　道徳（3年） …… 111

2 合理的配慮に結びつく個別支援

1 高校進学に向けての取り組み ……………………………………………… 113
2 テストへの配慮 ……………………………………………………………… 118

第３章
学校・地域みんなで支援を深めるために

1 教科の専門性を生かし，共通理解を深める研修

1 中学校の特性を生かす ……………………………………………………… 122
2 市内共有フォルダでの情報提供と研究協力校としての取り組み ……… 124
3 授業研究を通した共通理解 ………………………………………………… 128

2 ユニバーサルデザインと合理的配慮に取り組むために

1 ユニバーサルデザイン化の意義 …………………………………………… 131
2 通常の学級の授業ユニバーサルデザインで注意したいこと …………… 132

あとがき ………………………………………………………………………… 134

第1章

中学校の特別支援教育をどう進めるか

1 中学校期はどのような時期か

1 中学生の発達課題

(1) 思春期心性と発達課題

　中学校における特別支援教育の現状をたずねると「生徒指導で手がいっぱいで，特別支援教育にまで手がまわらない」という声が多く聞かれる。しかし，中学校の生徒指導上の問題を見ると，発達障害の生徒だけでなく，定型発達の生徒にあっても，二次障害の要素が大きい事例が多い。多発する生徒指導上の問題に対して，学校・教師側はその対応に追われているが，こうした問題の背景には，「こうありたい」という願いと現実の自己像の間で揺れ動く生徒たちの精神的不安定さ（思春期心性）が存在している。思春期の心の揺らぎが大きければ大きいほど精神的な不安定さが増し，行動面の問題が起こりやすくなる。思春期の心の揺らぎは誰にも生じることであるが，極端な揺らぎを防ぐためには，表1にあげる乳児期から児童期までの各年齢段階の発達課題を達成しておかなければならない。

表1　子どもの発達課題（エリクソンの心理社会的発達段階説より）

乳児期	運動能力は未熟だが，感覚器官を通じて外界から情報を収集。泣くことで発信。養育行動を通した養育者とのやりとり→基本的信頼感
幼児期	運動能力（歩行，手の操作など）と認知能力（言葉，記憶など）の成長，しつけによる自己統制能力→自立性の獲得
就学前期	表象能力，直観的概念，言語能力，協応運動，巧緻性の発達。遊びによって積極的な外界への働きかけ→積極性の獲得（集団行動）
児童期	同年齢集団の中で競争や協力関係の経験を通して，運動技能，基礎学力，ソーシャルスキルの習得をし，自己効力感を得る→勤勉性の獲得
青年期	親しい友人関係を通して，自己認知，メタ認知能力を獲得し，社会関係の中での自分の位置を見つける→アイデンティティの確立

（2）親子関係に見られる問題

　本稿筆者は現在，いろいろな地域で保護者支援に取り組んでいて，特に発達障害の診断を受けていたり，その疑いを指摘されたりしている子どもたちの保護者に対して「ペアレントトレーニング」を実施し，応用行動分析の考え方に基づいた子どもとの関わり方を指導している。そうした過去10年間の実践を通じて，特に感じるのは，保護者側に「子どもはこうあるべき」という考えが強く，子どもに大人のミニチュア像を求めてしまい，「できて当たり前，できなかったら叱って教育する」という子育てになりがちだという点である。その場合，発達に困難をかかえる子どもたちは，保護者が「こうあるべき姿」にしようと思えば思う程，うまくできないことが多く生じ，結果として保護者は，「なんでこんな事がわからないの！　できないの！」というイライラ感を募らせて子どもを追い込んでしまうことが多くなる。

　定型発達の子どもたちの思春期もこれと似た状況にあり，親や教師が「ここまでわかって一人前のことを言うのだから，適切に行動できて当たり前」と決めつけてしまうと，子どもは心理的に追い込まれてしまう。さらに近年，定型発達の子どもにあっても，乳児期や幼児期の養育者の関わりの弱さや「虐待」等の問題から，乳児期における「基本的信頼感」や幼児期における「自律性の獲得」の発達課題を獲得できないまま思春期に突入する子どもたちが増えていると感じることが多い（反応性愛着障害の問題）。その結果，思春期の不安定さがさらに増大し，非行や少年犯罪につながるケースも少なくない現状である。

（3）中学校期に取り組むべきこと

　中学校時代は思春期前期にあって，第二次性徴が始まると共に，自己と周囲との違いが自覚されるようになることから，「自分はこのような存在である」という安定した自我同一性を獲得していく過程で，心が一番不安定になる時期だと言える。しかしながら日本の中学校制度では，制服着用や生徒手帳などに示されるように，集団としての画一性がより強く求められがちである。また，3年という短い期間の中で，高校入試という初めて自分の進路を決定しなければならない試練が待っている。そのような制度の中で，心の揺らぎを最小限に留める精神的な強さが求められることが，より中学生時代を難しい時代にしているように感じる。

　思春期は，児童期までに達成した発達課題をより自律的で高次なものへと再編成していく時期である。それは，児童期までの発達課題を順調に達成した子どもでも大変な作業であり，発達上の問題や環境面の問題から発達課題の達成が十分ではない子どもにとっては，さらに困難な作業となる。そうした子どもであればなおさら，時間的にも余裕をもちながら，いろいろな体験を通して，自己を見つめ直し，やり直しができるはずの時期としなければならない。しかし現実には，中学校期は，3年という短い期間の中で，教科学習と部活動をこなし，小学校期とは質的に大きく異なる人間関係（対教師，対友人）を作り上げ，しかも，卒業後の進路を見通さなければならないという，厳しい時代になるのである。

思春期前期の発達課題から考えると，中学校教育の大きな役割の一つは，いろいろな能力差や思考の違いが顕著になる年代において，生徒一人ひとりの違いを受けとめながら，個の違いを互いに尊重し合った学び合いを通して，「自分を知り，相手を知り，お互いに心地よいコミュニケーションをどう作り上げていくのか」を学ぶ場を提供することにある。教科の学習は，単なる知識・技能の教授にとどまるものではなく，そうした学びのための手段ともなるものであり，学習から獲得した知識は生徒一人ひとりが自分で考え，自分で判断する時の基盤となる。そのためには，すべての子どもたちが学びやすい学習環境を設定し，一人ひとりの学ぶ力に見合った授業を展開すること，言い換えれば，授業のユニバーサルデザイン化が必要となる。

　以上，中学校において授業のユニバーサルデザイン化が求められる発達的な背景を述べたが，授業のユニバーサルデザイン化は，どの生徒にとっても「楽しく，わかる，できる授業」を行うということに加えて，青年期の発達課題（自我同一性の獲得）の達成に必要な「自分の得意さや苦手さを知る（自己認知）」「自分を肯定的に受けとめられる（自己受容）」「自己判断と自己選択ができる（自己決定）」の力を育てる上でも，大いに役立つと考えられる。

（米田和子）

2　中学校で取り組みが求められる背景

（1）中学校期に見られる困難の要因

　①で述べたように，中学校期はどの子にとっても大きな発達課題が生じる年齢時期であるが，とりわけ，発達につまずきがある子どもたちにとっては，様々な困難が生じやすい。その要因としては，次の4つが挙げられる。

①教科学習面の問題

　中学校期になると，教科学習の量が増え，授業の進度が速くなり，しかも学習内容の抽象度が一気に増してくる。たとえば数学科においては，日常の具体的経験をベースにした小学校の算数科と違って，「マイナス」の概念のように日常経験を離れた抽象的な思考が要求されるようになる。また，中学校で本格的に始まる英語科の学習では，単語の読みやスペルを覚えるなどの文字記号変換と記憶能力が求められる。こうした学習面の変化は，小学校期から学習に困難や積み残しを抱えていた子にとって乗り越えが困難な「壁」となりやすい。さらに，中学校では，定期テストの成績など学業成績が自己評価，他者評価の大きなモノサシとなってくるため，学習に困難を抱える子は自己評価が低下しやすく，学習意欲が減退してしまったり，「どうせわからないから」と学習に対して"give up"状態に陥ってしまったりしやすい。

②人間関係面の問題

　中学校期はまた，教師との関係においても友人関係においても，小学校期とは異なる人間関係を形成していかなければならない時期でもある。教師との関係では，教科担任制となること

から，多くの教師との関わりが必要になってくるが，そのことは，多くの教師の目から一人の生徒を見るというメリットもある一方，特別な支援ニーズがある子にとっては，小学校の学級担任のような「支援のキーパーソン」が不明確になるという問題や，教師間の共通理解が図られていない場合には，生徒への接し方や支援の方針が一貫しないという問題も抱えている。

友人関係の面では，中学校期になると思春期の特性から，いわゆる「気の合った仲間」が集まり，自分たちとは「異質な存在」を排除しようとする傾向が強くなる。また，友人間の言語的コミュニケーションの比重が高まり，小学校期のようにその場に一緒にいたり，一緒に行動したりするだけでは，「友人」として認められにくくなってしまう。その結果，言語的コミュニケーションが苦手な子や場の空気の読み取りが苦手な子は，周囲の子から排除されやすくなり，クラスの中で孤立したり，からかいやいじめの対象となったりしやすい。このほか，クラブ活動における人間関係で苦しむケースもかなり多く存在する。

③他者との比較意識と自己受容の問題

発達障害の子どもたちも，中学校期になると自意識が育ち，周囲の子と自分を比較するようになってくる。「なぜ，自分は友達から評価されないのか」，「なぜ，自分は～がうまくできないのか」といった悩みは，中学校期の発達障害のある子の多くが抱える問題である。こうした悩みは，自己の特性受容とも深く関わっていて，自己の特性の受容がうまくできていない子の場合，「周囲の人たちは自分のことを常に否定的に見ている」といった強い他者不信と被害感情をもちやすく，そのことが周囲との人間関係を一層こじらせる原因となる。また，自己の特性をある程度理解している子の場合は，うつ状態や不登校に陥りやすくなる。

こうした問題は，親子関係にも反映され，中学校期にふさわしい親子関係が再構築できていない場合は，「いままで素直だった子が，急に親の言うことを聞かなくなった」「いろいろ悩んでいるようなのに，親にまったく相談してくれない」といった保護者の悩みにもつながる。

④卒業後の進路への不安

子どもにとっても保護者にとっても中学校の3年間は心理的に短く感じられ，入学後2年もたつと高校進学をどうするかの問題が目の前のこととなってくる。中学校での学習に困難を抱える子の場合，親子共に「どこの高校に行けるだろうか」との不安を抱えているケースもあるし，学習に"give up"状態の子の場合は，子どもの方は進学の意思を示さず，保護者が気を揉んでいるケースもある。

（2）中学校での取り組みで重要なこと

以上4つの困難の要因を考えた時，中学校での特別支援教育の取り組みで最も優先しなければならないことは，生徒一人ひとりの自尊感情と自己肯定感（効力感）を育てることである。学校の中に自分の居場所と役割があり，教師からもクラスメートからも「大切なクラスの一員」として認められているという実感が得られることは，この年齢時期の子どもにとって何よ

り必要なことと言える。

　その際に重要なのは，いわゆる生徒指導と授業実践を一体のものとして捉える視点である。中学校ではこれまで，自尊感情と自己肯定感（セルフエスティーム）の育ちは，主に生徒指導の分野で取り扱われ，スクールカウンセラーと協働した自他理解の取り組みやソーシャルスキル・トレーニング，エンカウンター活動などが行われてきたが，学校生活で生徒たちが一番長い時間を過ごすのは授業である。たとえ授業外で自尊感情・自己肯定感を高める取り組みが行われていたとしても，授業で自分が学習に参加でき，学習内容がわかり，周囲からも尊重されているという実感を得られなければ，生徒の自尊感情と自己肯定感は高まらないだろう。学校・教師にとって一番の仕事は授業であり，学校教育は「授業が勝負，授業で勝負」と言っても過言ではない。本書のテーマである授業のユニバーサルデザイン化の取り組みの必要性もこの観点から求められるのである。

（花熊　曉）

3 巡回相談で見られる中学校の現状

（1）巡回相談を通して

　本稿筆者は10年前から学校の巡回相談にあたっているが，5年ほど前からは中学校を訪問することが多くなってきた。当初は，気になる生徒の授業観察とアセスメント情報から生徒の特性を判断し，担任や学年の先生方と対象生徒の特性理解と支援の方法について協議することが多かった。しかし，3年ほど前からは，気になる生徒の特性理解と対応方法だけにとどまらず，その生徒を含めた授業の在り方や学級経営そのものがどうあるべきかの視点で巡回相談が進められるようになってきた。実際，生徒の個別的な支援方法の協議だけでなく，研究授業を通して，「ユニバーサルデザインの授業の在り方と，そこでの個別配慮や支援の在り方」を考える研修会を実施する学校も増えてきている。こうした取り組みが増えつつある背景には，「中1ギャップ」という語に象徴される小学校生活から中学校生活への移行に伴う大きな変化に戸惑い，混乱し，不登校などの不適応状態に陥ってしまう子どもたちの存在がある。それでは，中学校に入学後，子どもたちに求められる新たな課題とは具体的にどのようなものであろうか。

（2）中学校生活で生徒に求められる新たな課題

　中学校で新たに生じる学校生活環境面の変化を生徒の側から見ると，次のようなことがあげられる。

【生活環境面での変化】
①教科ごとの教科書・資料・ファイルや弁当など，カバンに入れる持ち物が多くなる。

②クラブ活動に関係する持ち物も多くなる。
③教科担任制となるために，教科ごとの連絡事項が多くなる。
④特別教室への移動が多い。

　このような生活環境面での変化に対して，多くの学校では生徒個人の責任のもとに対応を求めることが多い。そのために，整理整頓が苦手な生徒や，時間の切り替えが困難な生徒，行動のコントロールが苦手で行動するのに時間がかかってしまう生徒などは，学校生活の出だしの部分から多くの困り感を抱えることになってしまいやすい。
　さらに，中学校では小学校とは異なる学習システムがとられることから，授業場面で戸惑う生徒も出てくる。学習面での変化としては，以下のようなことがあげられる。

【学習面での変化】
①教科ごとのプリントや資料の量が多くなる。
②板書量が多く，ノートをとるスキルが一層必要とされる。
③「聞きながら理解する」，「聞きながら書く」などの同時進行の学習が多くなる。
④課題量が増えることによって，内容理解・反復練習・記憶定着などの計画的な学習が必要になる。
⑤テストが単元ごとではなく，定期テストの形で集中的に実施される。

　多くの中学校では，こうした学習面での変化に対してもやはり，生徒個人の計画性や努力に任せられていることがほとんどである。しかし，これらの変化への対応は，生徒自身のもつ能力やスキルに負うところが多い。そのため，整理整頓をすることが苦手な生徒や課題に優先順位をつけて計画的に物事を遂行することが苦手な生徒，不器用さのために作業に時間を要する生徒，ワーキングメモリーの容量が少なくて記憶が定着しにくい生徒などは，こうした学習面の変化にうまく対応できず，学習内容の理解以前の段階で取り残されてしまいがちとなる。

(3) いま中学校に求められること

　本稿筆者が中学校への巡回相談に取り組み始めた頃は，教室内の机の横に生徒たちの大きなカバンが所狭しと置かれ，教師の机間指導がしにくかったり，黒板上にはいろいろな教科ごとの連絡が貼られていて，板書するにも全面が使えなかったり……というような状態が多く見られた。教室がこのような状態にあると，特別な支援を必要とする生徒は，注意の集中・持続や必要な情報の取捨選択に困難が生じやすいし，教材の準備や持ち物の整理整頓もうまくできなくなることが多い。また，教師の側も授業中の個別的な支援がしづらくなる。ここでまず必要なのは，特別な支援を必要とする生徒を含めた学級の生徒全体を対象としたユニバーサルな配

慮・支援である。その実際については，本章の３以降で取り上げるので，ここではユニバーサルデザインの授業づくりの前提となる基本的な配慮事項をあげておきたい。

①教室環境の整備：教室内の物理的刺激量をチェックし，学級の実態に合わせた適切なものにする。特に，授業で使われる黒板まわりの刺激量の調整と生徒の持ち物の置き場を明示し，整理整頓することによる学習活動の動線の確保は重要である。
②学習を円滑に進めるための支援：教材の準備の仕方やプリント類の整理の仕方，ノートの取り方，わからないことがあった時の対処の仕方等の「学習ためのスキル」の支援。
③指示や説明を伝わりやすくするための工夫：生徒への指示はできるだけ簡潔で具体的なものにする（複数のことを一度に言ったり，抽象的な言い方をしたりしない）。また，視覚的な手がかりを用いて，教師が言葉で指示したこと，説明したことが，その後でも目で見て確認できるようにする。

（米田和子）

2 中学校で進み始めた特別支援教育

1 特別支援教育の現状と課題

（1）中学校における特別支援教育の現状

　改正学校教育法が施行され，平成19年4月に特別支援教育が本格的に始まってから10年近くの月日が経過した。この間，特別支援教育の体制整備が急速に進められ，特に公立小・中学校においては，校内委員会の設置，特別支援教育コーディネーターの配置，個別の指導計画の作成等の体制整備はほぼ100％と言ってよいところまで進展してきた。しかしその一方，「支援の『形』は整ったが，『中身』（＝支援内容）はまだまだ十分ではない」という声がよく聞かれる。また，「小学校に比べて中学校での特別支援の取り組みが不十分だ」との指摘も多く，特別な支援ニーズがある子どもの保護者からは，「中学校では小学校のような手厚い支援がしてもらえない」，「先生によって考え方が違い，一貫した支援をしてもらえない」といった不満もよく耳にする。非常に言いづらいことではあるが，「小学校に比べて中学校の特別支援教育の取り組みは遅れている」というのは，特別支援教育に携わる専門家の間では，ほぼ一致した見解のように思える。ではなぜ，中学校での特別支援教育の取り組みが遅れているのだろうか。中学校側の特別支援教育に対する理解が薄かったり，熱意がなかったりするからだろうか。本稿筆者はそうは思わない。小学校と同様に中学校でも教員一人ひとりは，多くの仕事を抱える中で，真摯に精一杯の努力をして仕事をしている。にもかかわらず，中学校の特別支援教育がいま一つ進まなかったことの背景には，個々の教員の意識や意欲を越えた，いまの中学校が置かれている現状と特別支援教育を実践していく上でのシステム上の問題がある。ここでは，いまの中学校が抱える問題を述べながら，今後の取り組みに向けての課題を述べたい。

（2）中学校で特別支援教育が進みにくい理由

①教員の多忙さ

　一般に中学校の学校規模は小学校よりも大きく，教科担任制をとることもあって，個々の教員が担当する生徒の数は小学校よりもはるかに多く，テストの成績づけなどにも時間を要する。また，授業に加えて「部活」の指導があり，放課後は部活指導にも時間をとられるし，中学校に特有の様々な生徒指導上の問題からその対応に追われることも多い。さらに，高校進学に向けての進路指導の仕事も多くある。そのため，中学校の教員は極めて多忙で，特別な支援が必要な生徒のための支援会議や校内委員会を開催しても，関係する教員全員が集まれなかったり，会議自体の開催回数が限られてしまったりする。実際，特別支援教育コーディネーターを務め

る先生からは,「自分の仕事に忙しくて,コーディネーターの仕事が十分にできない」,「支援が必要な生徒がいる学級の授業を参観したいと思うが,その時間がとれない」といった悩みを聞くことが多い。

②生徒の姿の見えにくさ

発達障害をはじめとする特別なニーズがある子どもたちは,中学校期には,発達特性から生じる様々な困難に加えて,周囲の人たちとの関係のつまずきから生じる二次障害を併わせもっていることが多い。そのため,発達特性とそれによるつまずきが二次障害の陰に隠れてしまい,表面的な様子のみから「意欲が低い生徒」,「生徒指導上の課題がある生徒」などと捉えられ,本来ある特性への支援の必要性が気づかれないままになりやすく,そのことが,特別支援教育の必要性の認識を妨げる要因の1つとなっている。

③教科の専門性の壁

教科担任制をとる中学校では,各教科担当者の専門性が高い一方,教科の独立性が高くて,授業研究等も教科単位で行われていることが多く,「他教科のことには口をはさめない」といった雰囲気が存在する。学級担任制をとる小学校では,多くの教科の授業を学級担任が行っているため,ユニバーサルデザインの授業づくりについても同じ立場で協議しやすいが,中学校の場合は,教科の専門性が壁となって,「同じ土俵」で授業について協議することや教科の違いを越えた共通の授業方法(支援方策)を検討することが,これまで難しかった経緯がある。

④校内支援体制の問題

(1)でも述べたように,小学校に比べて中学校は一般に規模(生徒数,職員数)が大きく,校内委員会の開催や特別支援教育コーディネーターの職務についても,物理的な困難(時間の確保,関係教員の参集など)が小学校よりも大きい。そうした点から,これまで提言されてきた「学校における支援体制の整備」を考えると,特別支援教育関係の答申や報告に示されてきた体制整備の具体的なモデルは基本的に「小学校モデル」であり,小学校ではうまく機能しても,学校の様態が異なる中学校にはマッチしていないのではないかとの疑問が生じる(高校についても同様)。もちろんそれは,体制整備モデルが示す方向性や内容を否定するものではない。本稿筆者が言いたいのは,従来の体制整備方針の基本は正しいとしても,中学校ではそれを実現していくための学校の実情に見合った改変,言い換えれば,中学校の実態に即した支援体制モデル(中学校モデル)が求められるのではないかということである。

特別支援教育コーディネーターを例にとれば,規模の大きな中学校でコーディネーターが1名という状態では,コーディネーターの役割を十分にはたすことが困難である。この場合,学年ごとにコーディネーターを置くなどの中学校独自の工夫が必要となる。また,生徒の支援に関する協議においても,関係教員の集まりやすさを考慮して,学年単位の支援会議を基本とし,そこでの協議内容の報告や全校的な共通理解が必要なことについて,校内委員会や全校的な職員会議で周知を図るというやり方も考えられる。

（3）今後の取り組みに向けて

　それでは，中学校での特別支援教育の取り組みに向けて，どのようなことが必要になってくるだろうか。いま求められるのは，①日常学校場面での生徒の困難の把握，②機動性の高い支援体制，③学校環境と学習環境の整備，④教科の違いを越えた共通の視点のもとでの授業研究，⑤高校進学に向けた移行支援の視点，の５つである。

①日常学校場面での生徒の困難の把握

　通常の学級で特別支援教育の取り組みが始まった当初，教育委員会主催の研修会や各校で行う校内研修会の中心的なテーマとされたのは，「LD・ADHD・高機能自閉症等の知的な遅れのない発達障害の理解」であった。通常の学級における特別支援教育の「入口」として，発達障害を取り上げたことは，発達障害への理解を広める上で役立ったことは確かであるが，その一方，発達障害の有無だけが注目されるというデメリットもあった。いま中学校には，発達障害の有無に関わりなく学校生活や学習に様々な困難を抱える生徒が数多く存在している。そうした現状を考えた時，最も大切な視点は，「その生徒は発達障害か」ではなく，「その生徒が示しているつまずきや困難の原因は何か」という捉え方である。学習意欲が低い，ノートがうまくとれない，忘れ物が多い，提出物がきちんと出せない，友人関係がうまくいかない，登校渋りが見られる，といった日常目にする問題は何が原因で生じているのかを教員同士で考えることで，問題の背景にある発達障害の特性に気づくようにもなるし，発達障害ではなかったとしても，有効な支援の方策を見出すことができるようになる。

②機動性の高い支援体制

　中学校における特別支援教育の体制で重要なのは，個々の生徒が示すつまずきに素早く気づき，すぐに支援の手立てを講じるというフットワークの軽さである。1節で述べたように，中学校期は二次障害が生じやすい時期であり，生徒のつまずきへの対応が遅れると，学習意欲や生活意欲が低下するだけでなく，不登校や様々な不適切行動などの深刻な問題につながりやすい。大切なことは，「問題が起こってから対応する」のではなく「問題が生じる前に，予防的に対応する」ことである。これらの点を考えた時，支援体制づくりに求められることは，生徒に関する気づきを気軽に話し合い，複数の教員で対応を考えられるような場の設定である。中学校の場合，校内委員会のような全校的な協議の開催には時間を要するので，こうした協議の場は学年単位でもつのがよいだろう。また，中学校期のつまずきの多くは生徒指導上の問題の形をとることが多いので，校内支援体制において，生徒指導部門と特別支援教育のコラボレーションを図ることも重要である。

③学校環境と学習環境の整備

　中学校にありがちな「教科の壁」を越えるための第一歩は，教科学習の内容以前の学校環境と学習環境の整備に関する取り組みを全教員で行うことである。「中１ギャップ」という語が示すように，小学校から中学校生活への移行には大きな変化が伴い，その違いに戸惑う生徒や

違いについていけない生徒もかなり多く存在する。すべての生徒がこの変化を乗り越え，中学校生活に適応していくためには，学校環境や教室環境がどの生徒にとってもわかりやすく，教師からいちいち指示されなくても生徒が自分で判断し行動できるような環境面での配慮が重要である。校内や教室での注意事項や連絡事項の掲示の仕方，持ち物や教材・教具を整理整頓するための方法，学習や集団行動を行う際のわかりやすい指示・説明の仕方などは，教科の違いには関わらない共通の事項であるから，こうした環境整備の必要性と効用について，まず職員全体で共通理解し，実践に取り組むようにする。

④教科の違いを越えた共通の視点のもとでの授業研究

学校・学習環境の整備と同様に，各教科の授業において「生徒が参加しやすくわかりやすい授業」の視点から授業研究を行うことも，通常の学級における特別支援教育を推進する力となる。授業のスタイルは教科，教員によって様々であるが，授業研究を行うにあたって指導案の中に「ユニバーサルな配慮」の項目を入れ，各教員がどのような配慮を考えているかを示してもらうことで，教科の違いを越えた「共通の土俵」を設定することができる。これまで，特別支援教育の視点に立った授業案では，「支援が必要な〇〇君に対する具体的な配慮事項」を記載するのが一般的であったが，それだけでは，そうした生徒がいないクラスの授業につながらなくなってしまう。「共通の土俵」を設定するためには，「どの生徒にとっても参加しやすくわかりやすい授業」を各教員がどう考えているかを示してもらう必要がある。

⑤高校進学に向けた移行支援の視点

インクルーシブ教育システムの構築に向けた基礎的環境整備と合理的配慮が求められるようになった現在，進学移行支援では，前の場で行っている合理的配慮が次の場での合理的配慮の前提として重要視されるようになっている。たとえば，高校入試で生徒の特性に応じた合理的配慮を行ってもらうためには，中学校ですでにそうした配慮が実践されていることが条件になる。高校進学に向けての準備と進路指導は中学校の教員誰もが重視していることであるから，読み書きに困難がある生徒やテスト解答に通常よりも時間を要する生徒，感覚過敏や注意集中の問題から別室受験が適切な生徒等について，中学校での配慮実践が高校入試における配慮につながる点を教員全員に周知することも，特別なニーズに対する支援の必要性を理解してもらうためのポイントとなる。

以上，中学校での5つの取り組み課題について述べたが，これらはみな，本書のテーマであるユニバーサルデザインの取り組みと密接に関連している。本書ではこのあと，いま中学校で実際に行われている学校・学習環境の整備の取り組み，教科の違いを越えた授業づくりの取り組み，通常の学級と通級指導教室のコラボレーションによる支援，中学校各教科における授業のユニバーサルデザイン，高校進学に向けての取り組みを紹介したい。

（花熊　曉）

2 支援を求めている生徒たち

（1）中学校の巡回相談の事例から

　本稿筆者が中学校への巡回相談の訪問を始めた7年ほど前は，小学校と同様に中学校においても，行動上の問題が顕著で，生徒指導上の対応で苦慮している事例が多かった。特に中学校の場合は，学習面でも課題量が増え，内容も難しさが増す中，学習を放棄してしまい，不登校傾向に陥ったり授業妨害をしたりするといった二次障害の生徒への対応に振り回されていたと言える。しかしながらここ3～4年前から，中学校でもユニバーサルデザインの授業が工夫されるようになって，学校全体や教室環境が整備されてきたことで，先生方の視点も変化し，巡回相談にあがる生徒は学習面での課題をもつ事例が多くなってきた。中学校での巡回相談で対象となる生徒のケースを整理すると，およそ以下のようにまとめられる。

①小学校から支援を受けていて，本人・保護者からも支援の要請があるケース。
②知的能力が境界線域で，小学校では担任の支援によって自己肯定感を下げることなく過ごせたが，中学校では教科担任制になったことで共通した支援ができなくなったケース。
③真面目に努力をするが，学習内容の理解に乏しく，テストで点数がとれないために，意欲低下が生じているケース。
④知的能力に問題はないが，学習したことが定着しにくく，テストの成果に結びつきにくいために学習意欲が低下して，授業に参加できにくいケース。
⑤知的能力に問題はないが，「書く」ことが苦手でノートなどの提出物が出せないケース。
⑥知的能力は高いが，対人関係とコミュニケーションの弱さや環境への適応の弱さがあるため，不登校傾向になっているケース。

（2）各ケースの分析

　①のケースについては，中学校入学当初から支援の対象となっている場合は，入学前から小学校との連携をもち，特別支援教育コーディネーターを中心に個別の指導計画を作成し，教職員全体の共通理解の対象となっていることが多く，対象生徒も新しい環境に早く馴染んで落ち着いている場合が多い。

　②～⑤のケースについては，小学校の段階では，通常の学級での個別配慮で何とか対応できていたが，中学校入学後に学習内容や学習システムとの違いから困難が生じてくるため，新たに気づかれる生徒である。このうち，②と③のケースには，言語的推論や流動性知能の弱さに起因する構造化や概念化，関連づけする能力の困難さがあると推測される。したがって，学習方法としては生活経験に基づいた学習を基本とし，具体的経験と結びつけて知識を増やしてい

くことで学習内容の定着を図ることが大切と考えられる。また，学習の定着こそが生徒自身の自己肯定感につながると思われる。

　一方，④と⑤のケースは，認知能力のアンバランスさやワーキングメモリーの容量の少なさ等の問題があると推測されるが，本人の認知特性に適した学習方法での支援がなされていない場合が多い。こうした事例では，全般的な知的能力に遅れがないため，保護者や先生から見ると「理解する力はあるのに，努力をしていない」という捉え方になりがちで，生徒の精神面の負担が大きくなってくる。生徒自身は「努力しているのに成果が見えない。努力しても同じじゃないか」と負担感だけが大きくなって自己肯定感が下がってしまうようである。これら2つのタイプについては，この後，具体的な事例をあげて詳しく説明したい。

　⑥のケースについては，自閉スペクトラム症やADHDの特性が見られることが多いが，知的能力が高い場合は，学業成績が良好なため自己肯定感を低下させることがなく，友達が少なくても，友人からは一目置かれて，距離感をもって接してもらえるので，中学生活も落ち着いていることが多い。しかしながら，対人関係やコミュニケーションにおいて，本人が積極的にコミュニケーションしようとした場合でも，言葉の意味の受け取り方の違いなどで相手の感情を害し，周囲の生徒の顰蹙をかってしまうと，クラス適応に困難が生じることもある。これに対して，語彙量が少なく自己表現が苦手で，対人関係やコミュニケーションに消極的な生徒は，表面的には大人しくて目立たず，学力にもあまり問題が見られないため，支援の必要性が見落とされてしまいやすい。こうした生徒の場合，本人は強い緊張感をもっているのだが，そのことに気づかれないまま学校生活を送っていて，わからないことがあっても先生や友人に聞くことすらできずにクラス内で孤立している。その結果，不登校に陥ってしまうことも多い。先生や保護者が本人から原因を聞こうとしても，特性について理解されていないと，本人からの話自体も引き出せないことがある。このような生徒の場合は安心して話を聞いてもらえるキーパーソンとなる先生の存在が不可欠である。

(3) 事例1：理解力はあるが，テストで点がとれない生徒

　Aさん（中2男）は，理解力はあるが，漢字が覚えられないためにテストではどの教科においても点数がとれず（中学校では社会や理科においても，漢字が正確に書けていないと正解にならないことが多いため），中2になって学習意欲が低下し，遅刻や欠席が目立ってきた生徒である。1年生の頃は生活指導面では特に目立つこともない生徒だったが，2年生から遅刻や欠席が目立ち始め，このままだと不登校に結びつくのではないかと巡回相談の対象となった事例である。

　Aさんについては，生育歴，発達検査の結果，本人からの困難さの聞き取りなどから，視覚情報が多すぎると視点をどこにもっていくべきかがわからず，見ているだけで頭が痛くなったり，漢字を覚える時に何度も書いて覚えるだけでは似通った形の字を間違ったりするという視

覚認知の問題がベースとなっていることが判断された。その結果を受けて学校では，拡大コピーを用い問題文や解答欄のロゴ・フォントを変えることで視覚的にわかりやすくする，宿題の漢字を書く量を減らすなどの対応をしていくこととした。本人は最初，そのような提案を「自分だけが特別扱いをされるのは嫌だ」と拒否をしていたが，先生からはAさんだけに提案するのではなく，他の生徒にも提案して自己選択できるようにしてもらうと，Aさんは提案されたテスト用紙を使用するようになった。これまで支援というと，教師主導で「その生徒にだけ支援する」と考えられがちであったが，中学生ともなると，生徒自身が支援の必要性や合理的配慮の意味合いを理解できるようにすることや，支援を受けるかどうかを自己選択できるということが重要なことを，本事例は示していると言えよう。また，中学校での対応についても，従来は，不登校状態に陥って初めて巡回相談や教育相談の対象とされることが多かったが，本事例の場合は遅刻や欠席が目立ち始めた段階で対応が行われたことが，不登校の「予防」という点で有意義であった。

(4) 事例2：他教科には問題が見られないが，英語のスペルが覚えられない生徒

Bさん（中1男）は，クラスでは穏やかに過ごしていて，学習にも意欲的に取り組んでいるが，英語のスペルだけが覚えられず，他教科と比べて英語のテスト成績だけが40点以下であった。小学校でも学習は平均の上域を維持していたので，保護者が驚いて担任に相談をもちかけた事例である。発達検査では聴覚的短期記憶の弱さが見られ，保護者からの聞き取りでは平仮名や片仮名の間違いが小学校高学年になっても見られたということであった。英語のスペルでは "night" が "naito" になったりして，ローマ字との混同も見られた。さらに，読み書き能力の詳細な検査を実施した結果，語音を文字に変換する力の弱さが顕著に見られた。この結果を受けて，英語だけを週1時間，通級指導教室でフォニックスを使用して学習することとした。また，日常通っている英語塾でもフォニックスを利用して単語をマスターすることで，1年生後半からはテストでも平均点をとれるようになってきた。

本事例のように音韻表象と文字表象の変換に弱さがある子どもでは，小学校での読み書きはクリアできても，音韻文字対応が異なる英語の学習を始めた途端につまずきが現れる場合があり，中学校ではこうした問題にも注意が必要である。

(5) 事例3：どの教科でも板書を写すことに時間がかかり，ノート提出が滞る事例

Cさん（中1男）は，授業態度も真面目で，対人的トラブルもほとんどないおとなしい生徒であるが，どの教科においても板書を写すのに時間がかかり，最後までノートがとれないために，提出ができないことが多かった。テストでも平仮名で書くことが多く，テスト結果も思わしくなかった。中学校では，テスト結果が悪くてもノートをきっちりととっている場合は，内申点として点数を加点してもらえることも多く，書くことが得意な生徒は教師から「学習態度

が真面目な生徒」と捉えられていることが多い。しかし，真面目に学習していても，Cさんのように板書を移すのに時間がかかり，ノート提出できない場合は「努力の足りない生徒」と見られてしまいやすい。

　Cさんの場合，特別支援教育コーディネーターの気づきで巡回相談にあげられたが，まず各教科のノートを見てみると，どの教科においても同じような状況であった。授業中の観察では，一番前の座席で真面目にノートをとってはいるが，何度も顔を上げては，ノートに写す動作を繰り返す様子が見られた。授業の後半になって板書量が多くなってくると，板書をしばらく眺めていて，3〜4分後にやっとノートに書き出すという様子で，どこを書いているのか続きがわからなくなっているようであった。この様子から，授業が進んで板書の視覚情報が多くなると，どこに焦点を当てて良いのかがわからなくなってしまうのではないかと推測された。その間にも教師の説明は続くが，Cさんはその説明に耳を傾ける余裕はなく，ただただ板書を写すのに必死な状況であった。

　発達検査の結果，Cさんには視覚的短期記憶の弱さが見られ，視覚情報が多くなるほど判断に時間がかかることが明らかになった。この結果を受けて，学校では，授業の中で「聞く」，「書く」，「考える」，「話し合う」の活動の配分を考えるとともに，「聞きながら写す」や「話し合いながら書く」など同時に2つの作業を行うことを少なくするようにした。また，Cさんに対しては，板書のすべてを写すのではなく，重要な部分に枠囲いをつけて，それを写すだけで良いという配慮を実施した。教科によっては，書く量が多くなる場合には全員にプリントを配布し，生徒のすぐ横にプリントをおいて写すことができるようにした先生もいた。

（6）まとめ

　以上，3つの事例（注：個人情報保護の点から一部情報を修正している）を紹介したが，こうした支援の取り組みは中学校でも広がりつつある。中学校ではいま，生徒指導上の問題を示す生徒への対応だけでなく，行動面の問題はなくても学習面に著しい困難を示す生徒への支援の取り組みが求められている。こうした生徒に対して，中学校の授業で様々な配慮が実践されることは，高校入試の際の「合理的配慮」にもつながり，進学に際しての支援の連続性を実現していくものだと言えよう。

（米田和子）

3 中学校　通常の学級の特別支援教育

1 ユニバーサルデザインの取り組みから学びの向上へ

(1)「荒れていた」中学校が落ち着いたのは

　本稿筆者は，巡回相談や学力向上モデル校への支援などで多くの小・中学校を訪れているが，学校の玄関に入った時に学校全体の雰囲気を感じ取ることが多い。定期的に訪れている学校についてはなおさら，学校全体が落ち着いているのかどうかを玄関先で感じることができる。たとえば，生徒が出入りする玄関の靴箱の状態は，その学校の生徒が落ち着いているか「荒れている」かを象徴しているように思える。そのことから，やはり学校全体の環境が整うことによって，生徒の精神的な安定が作り出されるのではないかと感じる。もちろんそれは，環境を整備するために生徒を指導するということではなく，授業や学級の中でどの生徒も安心感が得られることで，精神的な落ち着が見られ，環境も自然と整備されてくるという意味である。

　A中学校は5年前まで非常に「荒れた」状況にあったが，先日訪れてみると，授業中の先生方の声も落ち着いており，生徒もしっかりと先生の指示や話を聞いている様子が見られた。先生方におたずねすると，「生徒側に『理解できない，取り組みにくい』という状況があるために，生徒が落ち着かないのではないか」と考え，「様々な行事や学校生活全体をできるだけシンプルにするように心がけた」ということであった。ここで言う「シンプルにする」とは，行事予定を明確にする，全体指導での指示を短くする，生徒の動きを視覚情報で提示する，うまくできない生徒がいても個別的な注意や叱責を避ける，といった生徒全体を対象としたユニバーサルデザインの取り組みのことである。

(2) ユニバーサルデザインの取り組みとは

　小・中学校を問わず，学校生活や授業のユニバーサルデザインの取り組みで重要なのは，「余分な刺激のない環境づくり」，「視覚化」，「構造化」，「協働化」の4点である。

①余分な刺激のない環境づくり

　余分な刺激の少ない環境づくりの目的は，授業や学校生活においてすべての生徒が，①注意の集中や必要な情報の取捨選択がしやすい環境をつくること，②教師がいちいち指示しなくても生徒が自分で判断して動けるような環境をつくること，の2つである。①については，黒板周りの授業とは関係のない余分な掲示物を除去する，教師が指示・説明する際の声のトーンや話す量を適切なものにするなど，授業を行う際の物理的な刺激量を考え，学級の生徒の状態に見合ったものにすること。また，②については，生徒向けの各種の掲示や物の置き場所，持ち

物やプリント類などの整理の仕方が明示され，何をどうするかが一目見てわかりやすい環境にすることである。

　こうした環境のユニバーサルデザインを意識した学校では，初めて学校を訪れた人でもどこへ行けばよいのかがすぐわかる案内板が必要な場所に置かれている。また，廊下を歩いていても，掲示物が構造的に考えて配置され，廊下の注意事項なども生徒や外来者の立場に立って掲示されていることが多い。教室も同様で，整理整頓がされている教室は，初めてその教室に入った人でも，どこに何を置くかが見ただけで理解できる。中学校の場合，生徒のカバンが大きくて，各教科の持ち物も小学校とは比べものにならないほど多くなる。その上にクラブ用の服や道具も入れるとなると，カバンだけで教室の隙間が埋め尽くされてしまい，毎回の授業の準備も事前にしておかないと授業中にウロウロしなければならない事態となる。こうした時，カバン置き場を一定の場所に決める，移動式台車のカバン置き場を設置する，などのちょっとした工夫をすれば，教室の中に余裕ができ，グループ活動や教師の机間指導もスムーズにできるようになる。

②視覚化

　視覚化については，電子黒板やタブレットなどのICT機器の使用とからめて，学校の授業でも強く意識されるようになってきている。「百聞は一見に如かず」と言われるように，言葉で多く説明するよりも，視覚的に提示しながら簡潔に短く指示や説明を行う方が生徒たちには理解しやすい。しかしながら，中学校の学習では，どの教科でも日常生活での使用頻度が少ない「学習のための言語」が増え，その説明のために言葉を重ねることが多くなっている現状がある。視覚化を図る意義は，目で見て理解できるようにすることだけでなく，いかに教師の無駄な言葉を削ぎ落として，生徒たちにわかりやすいように簡潔な指示・説明を行うかという点にある。実際，落ち着いた静かな雰囲気の授業では，先生の指示や説明が少ない。説明や発問を精選することで，言葉による指示・説明の理解が苦手な生徒や注意集中力の弱い生徒も理解がしやすくなる。さらに，精選された言葉が視覚的にも提示されれば一層の助けとなる。

③構造化

　構造化とは，「どんな目的で，何を，どのように，どこまでするか」を生徒が的確に把握できるようにするための工夫である。構造化が十分でなく，生徒に何をするかの見通しが立っていないと，教師の指示や注意がどうしても多くなるし，生徒の方も教師の指示がないと動けなくなってしまう。反対に，授業の流れや活動スタイルが明確であると，生徒は指示がなくても自分から進んで活動ができるし，新しい内容の学習であっても次にどう活動すればよいかが理解できて，学習活動を自主的に行うことができる。

　構造化には，①時間（流れ）の構造化，②場所の構造化，③学習スタイルの構造化，の3つがある。時間の構造化については，タイムタイマー等を使用して，課題に取り組む時間の見通しをもたせる取り組みが多く行われるようになっている。場所の構造化は，学習を行う際の活

動場所の明示や発表場所の明示，授業での板書の工夫などのほか，準備物・提出物の場所を明確化することなど，教室・学習環境の整備とも深く関わっている。3つ目の学習スタイルの構造化は，「聞く」，「読む」，「書く」，「見る」，「考える」などの学習活動をどのように配分し，それぞれの場面でどこに焦点を当てるかを考えることである。中学校の授業では，学習内容が多くなることもあって，「説明を聞きながら板書を写す」という学習スタイルが圧倒的に多いが，生徒はノートをとることに精一杯で，ノートをとりながら同時に説明を聞いて内容を理解している生徒は少ない。生徒自身の気持ちとしては，板書をノートに写したことで学んだ気持ちになっているが，実際テストになると点数をとれていないことが多い。こうした生徒に対しては，学習スタイルを明確にし，何に集中すれば良いかが焦点化されることが大きな助けとなる。

④協働化

　中学校の環境や授業のユニバーサルデザイン化の取り組みは，「荒れている学校の現状を何とかできないか」という思いから始まることが多い。小学校でも中学校でも，環境や授業のユニバーサルデザインに取り組み始め，生徒にとってわかりやすい授業や学校生活を提供できるようになると，学校全体が落ち着いてくる。それまでの「荒れ」が治まって学校が落ち着いた雰囲気になると，先生方にも余裕が生まれ，次の段階の取り組みとして，授業の方法や内容のさらなる工夫ができるようになってくる。ユニバーサルデザインの最終の目標は「授業において，一人ひとりの学びを確実にすること」（＝生徒一人ひとりの学びの質の向上）である。先にも述べたように，中学校になると学習量が増え，学習内容も高度になり，日常の具体的経験とはかけ離れた抽象的内容や教科ごとの専門用語も多くなる。生徒間の能力や達成の差も，小学校期と比べて2倍3倍に広がってくる。そうした多様な状態の生徒たち一人ひとりが学ぶ意欲を高めるためには，「学び合い＝協働化」は欠かすことができない。

　中学生になると自己認知能力が高まり，自己の独自性の認識と共に，自己と他者を比較して悩む子どもも増えてくる。そうした発達段階にあっては，教師との「教える－教えられる」関係（一方向的な関係）だけでなく，同等な仲間同士の中での互いに「教える－教えられる」関係（双方向的な関係）が成立することで，より自己を見つめながらの学びが深まると感じている。実際，中学校でのグループ学習を見ていると，話し合う課題が適切であれば，学び合いによる一人ひとりの思考の深まりが見られることが多い。たとえ能力に差があったとしても，仲間同士の学び合いの中で新たな知識が獲得できたり新たな発見が得られたりした時，子どもたちの中に学ぶ楽しさが生まれ，さらに学びたいという意欲が生まれるように思う。「学び合い＝協働化」とは，一人ひとりの思考がぶつかり合う中で互いに高まり合う過程であり，子どもたちの中に新たな思考や新たな価値観が生まれてくる過程なのだと言えよう。

（3）ユニバーサルデザインと「合理的配慮」

　以上，4つの観点から，中学校におけるユニバーサルデザインのポイントを述べたが，こうした取り組みの上にさらに必要となってくるのが，発達障害をはじめとする生徒一人ひとりの発達特性に合わせた個別的な「合理的配慮」である。図1は，2012年7月の中央教育審議会のインクルーシブ教育の推進に関する報告に示された基礎的環境整備と合理的配慮の関係図や報告にある合理的配慮の内容に本稿筆者の観点を加えたものである。図左下に示すように，学校環境や授業のユニバーサルデザインは基礎的環境整備にあたるもので，個々の生徒に対する合理的配慮はその上に成立する。

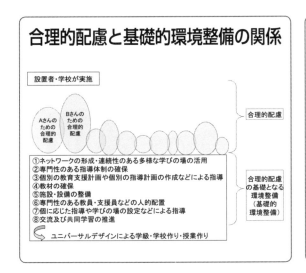

図1　合理的配慮と基礎的環境整備におけるユニバーサルデザインの位置づけ

　学校現場ではまだ，「基礎的環境整備」というと「施設・設備の改善」と捉えられていることが多く，学校にとって最も重要な基礎的環境整備が学校生活と授業のユニバーサルデザイン化であるという認識は十分とは言えない現状にあり，また，「合理的配慮」に関しても，個々の教員に任されていることがほとんどである。しかし，中学校において，特別支援教育コーディネーターを中心として，学校全体で共通理解し，教科を越えた系統的で一貫した支援を実践していくことは，発達障害をはじめとする特別な教育ニーズがある生徒の円滑で充実した中学校生活を保障することに加えて，高校における環境整備と合理的配慮（高校入試での配慮を含む）にもつながっていくことである。中学校の支援の取り組みが高校入試での配慮につながった例を第2章2で紹介しているので，参照されたい。

（米田和子）

2 学校環境と学習環境の整備からユニバーサルデザインへ

(1) 学校全体の環境整備

「授業がわかりやすい！」、「学校が過ごしやすい！」、「学校生活が楽しい！」そんな生徒の声を日々聞くことができる学校でありたい。それはどの学校でも願うことであろう。しかし、小学校を卒業して中学校生活が始まると、授業についていくことができずにつまずいてしまう生徒がいるのが現状である。その原因を考えていくと、理解がゆっくりの生徒、板書が書き写せない生徒、指示理解に時間を要する生徒、姿勢が保持できない生徒、外部刺激があると集中できない生徒等、様々な困り感をもった生徒たちがいることを、まず私たち教員が理解していきたい。そして授業を行う教員、学級経営をしていく担任を中心として、学校全体で生徒一人ひとりの実態を把握し、何ができるのかを考えていくのが良いだろう。

そこではまず、生徒の誰もが過ごしやすく、学びやすい環境をつくっていくことが必要となる。中学校では様々な場所でいろいろな活動をするが、各活動場面においてユニバーサルデザインの視点で環境整備をしていくことが求められる。

さらに、生徒は学校だけで生活しているのではない。学校・家庭・地域も一緒になって環境づくりをしていくことも、それぞれが過ごしやすい環境をつくる上で効果があるのではないかと考える。

本校では、写真に示すように、教室だけでなく図書室や保健室、配膳室や特別教室にも、以前から生徒達が過ごしやすい工夫が考えられている。

図2　職員室にある特支コーナー

 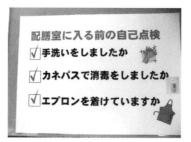 

図3　保健室前の掲示板　　図4　配膳室前の掲示　　図5　図書室の本棚

図3は保健室前の掲示板で、耳鼻科検診の受け方や順番の待ち方が記されていて、受診までに手順を確認することができる。また、受診に不安がある生徒には、休み時間に検査器具を見せてイメージをもたせたりもする。図4は配膳室前の掲示で、教師の指示がなくても入る前に自分で確認できるようにしてある。図5は図書室の本棚で、分類を書いた差し込みを設置することで、入り口や横からでもわかりやすく、自分で書籍を見つけやすくしている。

（2）学習環境の整備

　次は，生徒たちが学びやすく過ごしやすい学習環境をどうつくっていくかである。中学校では，カバンや体育館シューズ，学習に必要な教科書やノート，実技教科で使用する道具等，多種多様な持ち物が必要とされる。また，教室を移動することも多く，その時間も決して長いわけではない。そんな短い時間で，生徒たちは必要なものを準備して学習に向かっている。スムーズに準備をすることができる生徒もいる一方，整理整頓が苦手で，準備をしていても持って行くことを忘れたり，大切なプリントの置いた場所を思い出せなかったりする生徒も多い。そんな状態が続くと，授業中も落ち着いて過ごすことができず，学習にも集中できないという悪循環が起こってしまう。そこで，ユニバーサルデザインの視点から学習環境を整えることを考えた。そのねらいは，適切に行動できることだけでなく，生徒一人ひとりが自分にあった整理整頓の仕方を身につけ，学習に向かう心構えをつくる力を育てていくことである。

図6　教室前のカバン棚

図7　雑巾干し場

図8　共有片づけ棚

図9　すっきりした教室

　まず，どのクラスでも，棚や机などをうまく使い，教室の中にできるだけ物を置かないことで，すっきりとした学習環境をつくるようにした。カバンは，教室前の廊下に棚を設置して片づけができるようにし（図6），必要な教科書等はロッカーに移しておくようにする。また，

カバンのファスナーをしっかり閉めておくこともここで習慣づける。以前はイスの下に干していた雑巾は，長机の天板をはずした棚に洗濯ばさみをつけ，クラスごとに雑巾を廊下に干すことにした（図7）。それにより，教室に雑巾が落ちることもなくなり，清掃準備等もスムーズに行えるようになった。ロッカーの棚には共有スペースをつくり，片づけがしやすいように工夫をしている（図8）。この他，体育館シューズを班ごとに入れたり，スケッチブックを入れたりする場所をつくることで，教室内がとてもすっきりした状態になっている（図9）。

　ここまでの環境をつくっていくにあたって，決して担当者だけで考えてきたのではない。教師一人ひとりが意識を持ち始める中で，それぞれがアイデアを出し合い，実践し共有すると共に，生徒たちが過ごす姿を目の当たりにすることで必要性を感じることができていった。

　　図10　すっきりしたロッカー上部　　図11　かごで整理したロッカー　　図12　静かな椅子

　このように，まずは，学級全体の環境整備から始め，そこから学習に向けての環境整備を考え，進めていくことにした。生徒たちがいかに落ち着いて学習に取り組むことができるか，ゆとりをもって取り組むことができるかは，とても大切なポイントとなる。その一つに，学習に必要な道具の整理がある。図13は，個人用ロッカーに置かれた教科ごとの整理用ファイルバックである。これは生徒たちのアイデアによるもので，このファイルバックを取り出すだけで授業の準備ができる。そのため，忘れ物をしたり，物をなくしたりすることが随分と減ってきた。時間がある時にファイルバックの中身を整理しておくことも大切な習慣になっていく（図14は実際にロッカーに入っている状態）。

　1年生にとってはこのバックが学習に必要な道具を整理・準備する上で大きな助けとなるが，学年が上がるにつれて，このバックがなくても自分で整理する方法を見つけ出し（図15），自分にあった整理整頓ができるようになっていく。グッズがなくても整理整頓できるようになることは，大切な力だと考える。

　図16は配布物持ち帰り用のファイルで，保護者への手紙等が配布された時に，全員同じ色のファイルに入れて持ち帰るようにしている。最初は，班長が必要枚数入っているかを確認しながら定着をはかっていった。その結果，保護者にきちんと手紙が渡ることも定着してきた。

図13 個人用教科ごとのファイルバック

図14 ロッカー

図15 個人棚の整理の様子

図16 配布物持ち帰り用ファイル

　次は教室内の学習環境についてである。生徒たちは基本的に前を向いて学習しているから，教室前面の環境をどのようにするかが大切である。その場合，すべての教室が同じ環境でなければならないとするのではなく，それぞれの学級，学年にあった学習環境を整えていくことを考えた。外部刺激が気になる生徒，集中に時間がかかる生徒，なかなか落ち着くことができない生徒がいるクラスにはカーテンを設置する。色が統一されていることで落ちついて過ごすことができるのであれば，画用紙の色を統一して掲示物をつくる学級もある。学級の生徒の実態を把握した中で，各クラスの学習環境がつくられていく。

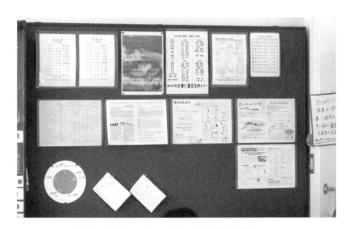
図17 青色で統一をした前掲示版

図18 前掲示版にカーテンを設置

図19 授業中はカーテン

第1章　中学校の特別支援教育をどう進めるか　29

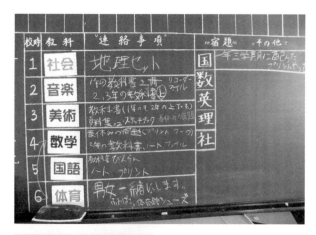

図20

図21

図22

前黒板・後黒板・特別教室の黒板もそれぞれのクラス・授業で工夫をしたり，統一したりしている。

図23

また，全クラスに統一したグッズを置くことにより，どの教室にいっても活用することができ，生徒達もルールが定着し学習に取り組みやすくなる。

図24　ホワイトボード

図25　タイマー

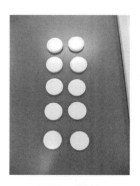

図26　磁石

図27　場所を固定

　図24はペア学習やグループ学習の際に各班で用いるホワイトボードである。図25・26のタイマーや磁石は授業の必需品となるものであり，図27は黒板のどの位置に置いておくかを統一して各クラスに設置している。これも学級の状態によっては場所を考えることもある。いずれにしても，大切なことは，いかに生徒たちが学習しやすい環境を設定するかである。

（3）授業の構造化，視覚化，協働化

　中学校の授業の内容や，速さについていくことができなかったり，学習内容の理解に難しさを感じ，授業に参加することへの不安を感じたりしている生徒は多い。そこで少しでも見通しをもって授業へ向かう気持ちや姿勢がつくれるように考えたのが「授業の流れカード」である。このカードは，各教科の担当者から授業の内容や流れに必要なものを聞き，どの授業，どの教科でも使えるカードとして作成した。全教室にカードを設置し，「授業の目標」と「授業の流れ」を貼り，生徒たちが見通しをもって１時間の授業に取り組めるようにした。

　その結果，１年生では，授業の流れカードがあることで，「次に何をするのか，今日の授業で何をするのかがわかり授業に取り組める」，「準備を前もってすることができる」，「緊張していたが，流れカードがあると安心して授業を受けることができる」などの声が多くあがり，カードの必要性の大きさが感じられた。２・３年生になると，３年間授業者が同じであれば，授

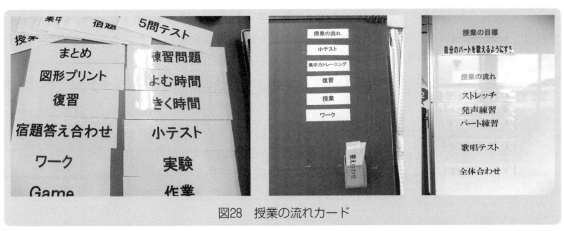

図28　授業の流れカード

図29
授業の流れカード使用場面

業の流れもおよそイメージでき，「流れカードがなくても授業に取り組むことができる」という声が多かった。しかし，視覚優位の生徒など，「授業の流れカードがあることでとても助かる」と感じている生徒もかなりいるため，それぞれの教科で工夫をしながら，授業の流れカードや目標カードを使っている。

　以上のような構造化の他，授業では，ICT機器をどのポイントで使うかなどの視覚化とペア学習による学びの協働化を考えた。学びの協働化では，何を目標としてペア学習をするのかを考え，相互に学び合うことで学習内容を理解することを目指した。わからないことを「わからない」と言える環境ができるからこそ充実するのが協働化の学習である。

(4) ユニバーサルデザインの取り組みの成果と課題

　本校では，以上のようなユニバーサルデザインの授業を行うことにより，生徒が「授業がわかる」と実感できるようになってきている。これまで授業づくりをするにあたっては，視覚化，構造化，協働化にポイントを絞ってきた。この取り組みを継続することにより，全教師の工夫を最大限生かすことができるようになってきている。音楽の授業で最初は楽譜をうまく見ることができず，学習についていくことに困り感をもっていた生徒たちが，実物投影機を使って楽譜への書き込み見本を示す視覚化を図ったことで，時間をかけずに正確に楽譜を完成させることができた。このような成果から，ユニバーサルデザインの授業に取り組むことの意義と有効性を強く感じている。以下に，取り組みの成果と今後の課題をまとめておく。

〈ユニバーサルデザインの授業の成果〉
　①生徒の実態の理解⇒授業づくりの具体化
　②教科を越えた研究⇒様々な視点からの生徒理解と授業づくりの深まり
　③学習内容の定着⇒テストでの定着率の高まり
　④教材教具の工夫⇒学習内容の広がりと深まり
　⑤視覚化（ICT）⇒理解するまでの時間の短縮

〈今後の課題〉
　①目標，目的をもったペア学習・ICT機器の活用方法
　②教科研究等の時間確保（小規模校の課題）
　③継続した学習の定着度の分析

(5) 実践を振り返って

　教科の専門性を越えたユニバーサルデザインの授業づくりの研究を重ねることで，たくさんのアイデアや方法を見つけることができ，またすべての教師が，生徒たちが「授業がわかった」と言える授業をつくっていくことが大切だということを改めて感じることができた。学校・学級環境を整え，授業のユニバーサルデザイン化を図ることは，不登校や学習のつまずき

など様々な困難を抱える生徒たちの助けとなるだけでなく，生徒全体の学力向上にもつながるし，最終的には誰にとっても（生徒にとっても，教師にとっても，保護者や地域の方々にとっても）過ごしやすい環境をつくることにつながると考える。何よりも大切なのは，ただ，環境を整えればよいというのではなく，生徒たちの実態をしっかり考え，把握し，環境を整備していくことである。生徒の実態は年度ごとに変化するから，環境整備もその実態に合わせて年度ごとに修正・変更していく必要がある。

　最後に，学校がユニバーサルデザインの視点をもって学習環境整備や授業づくりに取り組んでいることを理解してもらうために作成している「特別支援教育だより」（教職員向け）と「クローバー」（保護者向け）を紹介しておく。

図30　特別支援教育だより（教職員向け）

図31　クローバー（保護者向け）

（辻真佐美）

3 どの教科にも共通するユニバーサルデザインの授業づくり

　中学校は教科担任制であるため，授業をどのように行うかは各教科の教員に任されていることが多い。しかし，授業のユニバーサルデザイン化の取り組みでは，どの教科の授業にも共通して使える「生徒にとってわかりやすい授業方法」を抽出・共有し，教科の枠組みを越えて実践していくことが重要になる。本校では，わかりやすい授業づくりについて，当初は校内支援委員会から提案していたが，各教員がすでに取り組んでいることも多いため，各教員の工夫を全教職員で共有することが授業のユニバーサルデザイン化と個に応じた配慮につながる基礎的環境づくりに役立つと考え，その観点からの実践に取り組んできた。ここでは，本稿筆者の学校での取り組みを中心に，本校が所在する茨木市内の中学校での取り組みの実際を紹介したい。

（1）養精中学校での取り組み
①「指示カード」の活用

　指示カードについては校内支援委員の試行をもとに全校に提案し，6枚の指示カード（図32）を全普通教室と数学・英語の教室に設置した。生徒にとってわかりやすく，見通しの立ちやすい，教師にとっても使いやすい指示カードを目指して，支援委員会で管理と修復を行いながら，カードの有効活用を引き続き呼びかけている。この実践は本校だけでなく，市内の各中学校でも校内で統一した指示カードを使っている学校が多くなってきている。

　こうした方法は，以前からも一部で行われていたが，カードの形式やカードにある語が教員によって異なると，その違いに戸惑い，学習に取り組むまでに時間を要する生徒も出てくる。どの教員，どの教科でも統一したカードを使用すれば，そうした生徒も指示を受け取りやすくなり，スムーズに学習に取り組めるようになる。次ページに，カードの実際の使用例を示す。

図32　提示カード例　　　　　　　　図33　「指示カード」活用について

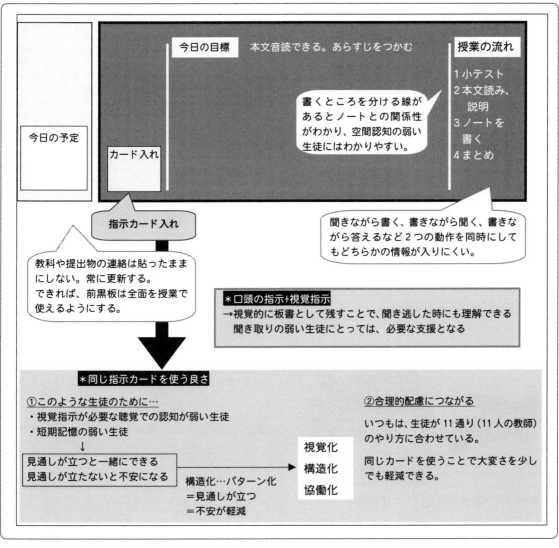

図34　指示カード使用例とその効果

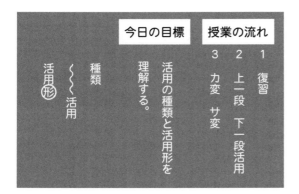

図35　板書例

②タイマーの利用

　小テストや作業の時間はタイマーを使って見通しを立てやすくする（図36）。見通しが立つことで生徒は集中して取り組めるようになるし，教員の側も時間配分がしやすくなる。生徒の側からも「何分でしますか」というような見通しを求める声も出てくるようになってきている。

③教科書などの管理にソフトケースやゴムバンドを利用

　教科の準備に時間がかかったり，忘れ物が多かったりする生徒に対して，教科ごとに教科書などをゴムバンドで留めることを勧めてきたが，まわりの生徒からも「自分もしてみたい」という申し出があり，この方法を使用する生徒が増えてきた。その結果，個別の支援が必要であるにもかかわらず「特別な支援」をされることに抵抗していた生徒も，「自分もしてみる」と言いやすくなった。また，ゴムバンドよりもビニールのソフトケースに入れる方がいいと言う生徒もいた。このように，生徒の使いやすい方法で整理整頓を進めることで，忘れ物やなくし物を防ぐことができた。この取り組みも学級担任や通級指導教室担当者，支援教育サポーターの連携があって初めて実現することができた。特に授業などに入り込み，まわりの生徒とも関わりのある支援教育サポーターの存在は大きい。

図36　タイマーの利用

図37　ゴムバンドの利用

④テストの自己選択

　小テストやリーディングテスト，その他の作業で，ヒントつきかヒントつきでないかの自己選択ができる。

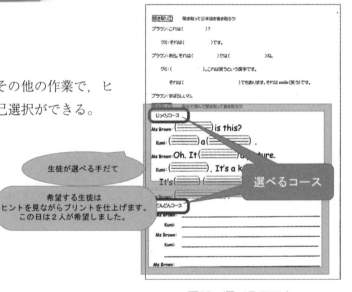

図38　白地図記入の様子　　　　　　　図39　選べるテスト

⑤ICT機器による支援（書画カメラなど）

　本中学校では市教育センターのWEBサイトを利用して普通教室のプロジェクターでデジタル教科書を授業に使うことができる。また，教職員は，職員室で1人1台のノートパソコンの配給があるので，ICT機器を使った独自の教材作成に取り組みやすい。

　情報処理室にはタブレットパソコンが生徒1人に1台配置されており，総合学習などに活用を始めている学校もある。これらのICT機器の有効な利用によって個別の配慮を必要とする生徒に対して，支援の手立てを実行しやすい環境が整っていると言える。

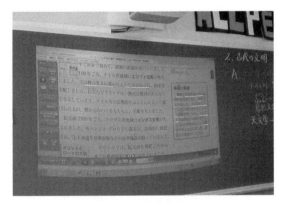

図40　ICT機器の活用

（2）茨木市の支援教育，基礎的環境整備，個別の指導への体制について

　本校が所属する茨木市独自の取り組みとしては，以下の①～⑥を実施しており，各学校で個別の指導・配慮が必要な児童生徒への適切な手立てを考える際に不可欠なものとなっている。

①市教育センターに常駐する巡回相談員3名が全学校に年間2～3回の巡回相談実施。
②市教育センターの研究機関としての研究協力校4校に年間4回の特別教育アドバイザーの指導・助言。
③支援教育サポーターを44校に配置。（通常の学級で個別の指導計画を作成している生徒への入り込み支援，個別の支援に活用）。
④中学校全普通教室にパソコン，プロジェクター設置。
⑤中学校デジタル教科書を普通教室で利用可能。

⑥通級指導教室担当者の巡回相談派遣。

　通級指導教室担当者は支援教育リーディングチームとしてブロック各校へ巡回指導等を行なっているが，中学校へは支援教育サポーターへの訪問サポート（対象生徒観察・支援教育サポーターへの助言）を行ない，合わせて支援教育コーディネーターや校内支援委員会の相談にものっている。

（3）茨木市内中学校でのユニバーサルデザインの取り組み
①教室前面の環境整備

　教室の前黒板周辺の環境整備については多くの学校で取り組まれている。全体指示だけでは行動しにくい生徒に対する個別的な指示をできるだけ少なくするには黒板に指示だけが書かれている方が伝わりやすい。

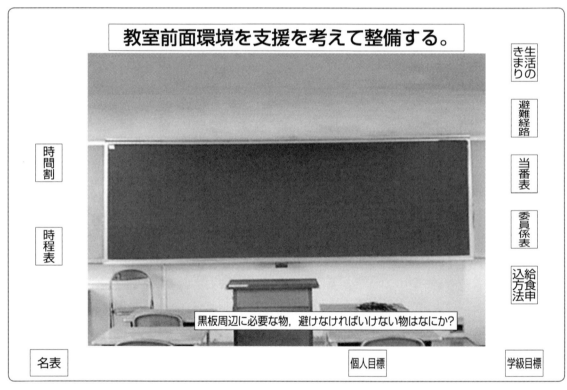

図41　校内研修会グループ討議用のパソコン画面。必要な掲示物を貼り付けていく

②連絡の工夫

MT(朝の会)での連絡を教室背面黒板のホワイトボードに残しておく(図42)。朝の連絡はどうしても口頭指示が多くなるが,重要なのは連絡事項を教室に1日残しておくことである。すると,聞き逃したり一度に複数の指示を覚えきれなかったりする生徒もボードで確かめられる。各クラスで共通するものを使っていると,クラス替えがあっても生徒が戸惑うことが少なくなる。

③連絡黒板の指示カード

毎日の教科連絡もわかりやすい授業を進める上で重要であるが,忘れ物が多かったり,必要な連絡を聞き逃したり,メモをとるのが苦手な生徒にとって,必要な教科連絡を家まで持ち帰ることは難しい。そこでST(終わりの会)での教科連絡に工夫を加えている。具体的には,各教科でよく使われる言葉(「いつもどおり」,「3点セット」)をカードにし(図43),特別な持ち物を書いて示す。これによってより重要なことが目立つようにする。そして,チョークで書いてある部分が一番重要であるとの意識を促す。

図42 朝の連絡

図43 連絡黒板用連絡カード

図44 ○つけ連絡ノート

〈個別配慮〉
①書くことが苦手な生徒には，連絡黒板と同じような形式で，特別なところだけ字を書けばよい連絡ノート（図44）を渡す。
②通常の学級担任と通級指導教室担当者，支援教育サポーターとが連携して，取り組みが定着するまで見守る。

④整理整頓，忘れ物・なくし物防止のための手立て

　中学生になると，各教科ごとの持ち物やプリント類も小学時代とは比べ物にならないほど多くなってくる。そのために，整理整頓が苦手な生徒は机中やカバンの中の整理整頓ができなくなるだけでなく，そのことによって，忘れ物が多くなったりすることが多い。そのような状況を少しでも軽減するために以下のような取り組みをしている。

・コンテナボックスを1人に1つ配布する（教室背面ロッカー上に配置：図45）

　机，ロッカー，カバンだけでは多くの教材を整理しにくく，カバンが通路に並ぶと机間指導もしにくいため，コンテナボックスを置いて全員が教材を整理しやすいようにしている学校もある。まずは1学年で試行し，有効であることがわかったので，全校的に実施する予定である。

図45　コンテナボックス

・各教科使用教材などの一覧表，曜日ごとの教科の提出物の固定

　中学生になれば自分で把握できなければいけないことかもしれないが，各教科で使用する副教材が多く，指導者は自分の教科で使っている教材の把握はできているが，1人の生徒が全部でどれだけの教材を管理しなければいけないのか実感としてわかっていないことも多い。支援学級の生徒のために支援学級担任がまとめていることはあったが，通常の学級で学年として資料を生徒に提供することも見られるようになってきた。

　また，曜日ごとに教科の提出物を固定している例もある。例えば，月曜日→国語漢字ワーク，火曜日→数学ワークということである。固定することで未提出を防ぐ試みである。

⑤1時間のめあてと振り返りの記録カード

　学力保障の観点から取り組む学校が増えてきた。どの教科でも同じような形式で書かれていることが多い。プリントの中に組み込んでいる教科もあった。

　指示カードとともに1時間の見通しを立てる上で生徒にも指導者にも有効であるとの声が多い。

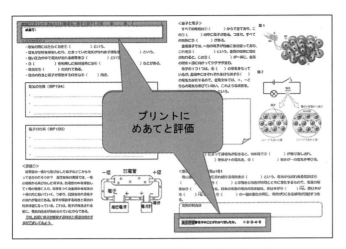

図46　めあてと評価欄入り連絡カード

図47　1時間のめあてと振り返りカード

⑥ローマ字変換一覧表カードを希望者に貸し出す

　技術のパソコン授業で一人の生徒に始めたことがまわりに広がっていった。ある程度慣れてくると使わなくてもすむようになるが，ずっと必要な生徒もいる。ある生徒はパソコンで検索したいことがあってローマ字変換表を使ってでも調べたいと思い，少しずつローマ字変換がわかるようになった。この生徒は，英語の教科書にカタカナで読み方をつける支援をしばらくの間受けていたが，ローマ字変換表を使うようになってしばらくすると，英語の発音も見当がつくようになるという副次的な効果もあった。これも支援教育サポーターの支援によって学習が進んだ例である。こうした，教科担任や学級担任と連携した支援教育サポーターによる個別の指導については，通常の学級での個別の支援の参考にしてもらうため表にして全職員に紹介している（図48）。

文字入力表を用意する（パソコン）

- **目的**
  - 文字入力をスムーズに行い，パソコン操作に慣れる。

- **支援の方法**
  - 文字入力に手間取っている生徒に文字入力表を渡す。（見やすいサイズでラミネートしたものと，小さいが折りたためるものを選べるようにした）
  - 表は複数用意し，対象生徒以外でも希望する生徒に渡す。

- **生徒の様子，指導の経過など**
  - 初めはキーボードを適当に押したり，私語をしながら友達のパソコンを覗いたりと落ち着きのない様子であった。
  - パソコンには興味をもっていたため，授業に文字表を忘れずに持参し，パワーポイントの作品づくりに意欲的に取り組んだ。
  - 「小学校の時からローマ字がわからなくてイヤだった。やっと二文字押す意味がわかった」「家用にも表がほしい」
  - 作品の提出期限を気にして，期限内に仕上げることができた。
  - 「もっとパソコンがしたい」と次の授業への意欲を口にするようになった。

図48　成功事例を全職員に紹介

（草場綾女）

4 公開授業研究会で進める授業のユニバーサルデザイン化

　教科担任制をとる中学校で，全校的な授業のユニバーサルデザイン化を図る方法の1つに，授業研究会の実施がある。ここでは，猪名川中学校における「専門教科の違いを越えた授業研究会」の実践について述べたい。

(1) 公開授業研究会における取り組み

　本校では，「心豊かな生徒を育む教育力の創造のために」を研修テーマとしてかかげ，「教えるプロとして，ユニバーサルデザインの授業を推進し，学習指導の力量を高める」を活動方針の1つに設定して取り組み始め，本年度で3年目を迎える。

　毎年，理論研修は夏休み中に行い，2学期には1学年ごとによる公開授業を実施し，授業後グループ討議により，課題を焦点化してきている。焦点化している課題は以下の4点である。

　①授業の中での視覚化（指示の精選や視覚提示の工夫はされているか）。
　②授業の中での構造化（活動の見通しや目標設定が明確か）。
　③授業の中での協働化（学び合いによる思考の深まりがあるか）。
　④支援を必要としている生徒への配慮は適切か。

　また，公開授業への学年としての取り組みの流れは，次の通りである。

　①「授業お助けアンケート」を全クラスで実施。
　②集約と支援を要する生徒の実態をピックアップ。
　③公開授業クラスと授業者の決定。
　④指導案作成。
　⑤学年とその教科の他学年教員による指導案の検討。
　⑥教材準備。

　このような取り組みの流れの中で，次の点が明確になってきた。それは，中学校でこそ，ユニバーサルデザインの観点に基づく授業研究を実施することで，お互いがもつ教科の専門性の視点で教材研究を深めることができることや，より支援を必要とする生徒の共通理解が深まり，どの教科においても共通的な支援が展開できるということである。

　授業後には，焦点化している課題について，参加者が意見を述べ合い，授業の工夫と生徒理解の2点で討議を深めている。そのことで，学年間だけでなく，学校全体でのユニバーサルデザインへの共通理解と生徒支援への共通理解が進んでいる。

(2) 生徒自身の自己認知能力と自己決定力を高めるために

　中学校になると，生徒自身が自分の得意や苦手を意識し始めるが，クラス全体の人権意識に基づいたインクルーシブな学級経営ができていないと，自分の苦手さを隠して，周囲との違い

を目立たなくしてしまおうとする姿勢が出てくる。自己の学びを深めるためにも，生徒自身が自分の学びに対する不安や困難さを意識し，支援を求めることができるようにしなければならない。そのための，取り組みとして，本校では「授業お助けアンケート」として以下のような項目で生徒自身にチェックを促し，その結果を受けて，授業のユニバーサルデザイン化を進めるだけでなく，個別の配慮や支援を具体化できるようにしている。アンケートをし，結果を集計し学年集団の中で共通理解を図るようにしている。

また，1～11までの項目の多くに「よくある」のチェックがついた生徒に対しては，面談や懇談会を通じて，より詳細なアセスメントを行い，個別の支援内容を個別の指導計画として発展させるようにしている。

資料：授業のお助けアンケート

氏名（　　　　　　　　　）

Q	授業中に次のことがありますか？あてはまるところに○をつけましょう。	ない	たまにある	時々ある	よくある
1	黒板を写す時に，何度も見ないと写せない。				
2	音読の時に，読み間違う。				
3	音読の時に，文字を目で追うことができない。				
4	単語テストや漢字テストなどでなかなか点数が取れない。				
5	先生の話以外の目に入った物が気になる。				
6	授業中，先生の口だけでの説明ではわかりにくい。				
7	友達の考えを聞いて，話し合いながら学習するのが苦手である。				
8	先生の説明後，活動を始める時に，自分が何をしてよいのかわからない。				
9	いろいろな音が気になって，先生や友達の話が聞き取りにくい。				
10	着席していても，手足をつい動かしてしまう。				
11	先生の説明や，友達の発表の途中で，口をはさんでしまう。				

図49　授業お助けアンケート

（3）指導案の検討と授業後のグループ討議の重要性

授業の指導案の見直しでは，「この教材における視覚化をどうするのか」と「学び合いをさせるシーンをどこにするのか」などを検討する。

公開授業参観にあたっては，事前に「討議の観点プリント」を配布し，この観点に絞って参観してメモを取り，討議で全員が発言できるように呼びかけている。

〈グループ討議の観点プリント〉
　①視覚化・構造化はどうであったか。

（例）1時間の授業の見通しをもたせる上で，最初に目標を提示する．1時間の活動の流
　　　　れを提示しておく等
②協働化・学び合いはできていたか．
　　・学び合いとは異なる思考の共有化
　　・ペア学習，小集団学習→思考のプロセスの交流
　<u>教師の役割</u>
　　・実践的知識：教材研究でどのような方法で学ばせるかを知る
　　・実践的思考：子どもたちがどう反応し，何を求めているかを知る
　<u>子どもの獲得する成果</u>
　　・新たな知識
　　・自分なりの思考
　　・受け入れられる実感→社会で生きていく喜び
　　・コミュニケーション能力
　　・自己達成感
③支援を必要とする生徒に対しての個別支援は適切であったか．

(4) グループ討議の内容から（1年生国語科授業での討議）※実践参照 p.64～

<u>①視覚化・構造化はどうであったか</u>

＊「今日の流れ」の確認や「今日の目標」が提示してあったが，あくまでも「今日の目標」を達成するための流れでないといけないのではないか．
＊小学校では，どの教室も同じ様式と色で統一させた「流れ」の紙を使用していたので，そういうのも，全校で統一すると生徒にとってわかりやすいと思われる．
＊場面ごとを絵で提示したのはわかりやすかった．その時の気持ちを色分けして打ち出した紙を貼っていたが，青と黒は見分けがつきにくかったので，紙を変えるなどした方が良かったのではないか．
＊「○時○分まで」という指示よりもタイマーの方が生徒にはわかりやすい．
＊理解がしづらい生徒にとっても「できた」という喜びが感じられる難易度のものと，もう少し複雑なものと2つ用意して自己選択させるというのが良かったのではないか．

図50　討議の様子

<u>②協働化・学び合いはできていたか</u>

＊ペアで答え合わせをしても，その2人ともが正解を出せていない場合は，学び合いにならないと思われる．教師の正解提示が必要ではないか．

＊クラスの実態を把握した上で，教師がここはペアでは不十分だから，この生徒も入る4人にしようというように考える必要がある。
＊「映画監督になったとしたら，どの場面を撮影したいか」という発問では，生徒にとって「映画監督」になることがイメージしにくかったようである。心情の変化を考えさせるのが本時の目標であるのなら，「どこをアップにしてどこで引きにするのか」「それは，主人公の心情がどう変化したからなのか」という発問で考えさせた方が良かったと思われる。そして，生徒の答えに教師が即答してしまう1問1答式ではなく，生徒同士で意見交換させる形にもっていくべきである。

③支援を必要とする生徒に対しての個別支援は適切であったか
＊教室前方にいる生徒には，教師も声かけが比較的多くできるが，後方だと少なくなりがちである。やはり座席配置は配慮を要する。授業の内容によっては，得意な生徒が席を離れて教えにいくことがあっても良い。

〈講師からの指導助言〉

> ユニバーサルデザインとして「こうあるべき」という形が決まっているのではなく，あくまで生徒の実態を見て，本当に生徒が理解しやすくなるためには，どの方法がよいかで考えていくものである。

（5）これまでの取り組みの成果と今後の課題

　授業研究会では，実際に生徒にどう対応し，授業自体をどう組み立てていくのかを意識して実践していくことに重点を置いて研修してきた。生徒の実態に応じてユニバーサルデザインの中身が変わることは1年目に学んだ。そこで2年目からは，毎週の学年会議で，支援を要する生徒の把握や具体的な支援内容についての交流を積み重ねている。また，生徒自身の感じ方を把握することも大事な視点と考え，「授業お助けアンケート」による実態把握を行い，個別の課題を把握した上で，その背景を考え，授業のユニバーサルデザイン化を具体化している。こうした研究授業や研修を重ねることで，授業の流れの提示やペアワーク・グループワークによる学び合いを取り入れることは定着してきている。
　研究授業後の研修会では，「視覚化」，「構造化」，「学び合い＝協働化」，「個別の配慮と支援」をキーワードとして討議を行ってきたが，昨年度に比べると的を射た意見やすぐに役立つようなアイデアが活発に出されるようになり，指導講師からも実践・研究の成果と評価された。
　昨年度の学校評価にかかわる生徒アンケートでは，80％以上の生徒から「授業はわかりやすい」，「授業に工夫がある」と評価を得，教員アンケートでも「適切な特別支援教育が実践できている」との回答は80％を超えた。その一方，課題としては，年々支援を要する生徒の数，支

援を希望する保護者の数が増えていることがあげられる。クラスに支援を要する生徒が複数いるという実態を踏まえた時，授業のユニバーサルデザイン化を進める中での効果的な対応方法についての研究も今後必須となる。

　本校では，「基本的に職員同士の授業参観はいつしてもよい」という共通理解をしており，各教員が自分のクラスの支援を要する生徒の他教科での授業の様子を確認したり，他教科の授業の進め方を自分の授業に取り入れたりするための機会としている。

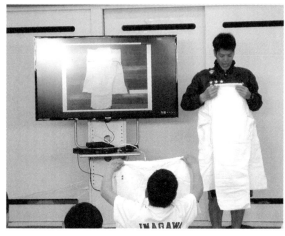

図51　柔道着のたたみ方を映像で提示

　さらに，体育科，英語科を中心にICTを活用した授業も広がりを見せ始めている。こうした授業のユニバーサルデザイン化の実践例を写真に撮り，積極的に職員会議で紹介することで職員の実践意欲を刺激し，切磋琢磨する職場づくりを目指している。

　図51は体育の柔道の指導で，柔道着のたたみ方を映像で提示しながら，口頭で説明を加えている場面である。タブレットを真横に置いて，同じ映像を提示する個別指導も行っている（図52）。

図52　手元のタブレットで映像を視聴

　図53は，１年生の体育の授業で４月当初，上級生の体育授業の見学を行っている様子である。補強活動の様子だけでなく，動きの素早さやお互いの声かけの仕方など，教師が口頭で教えるのではなく，実践している先輩の姿を見せることで学ばせる方法を取っていることもユニバーサルデザインの取り組みの１つである。

図53　上級生の体育授業を見学

図54　黒板に残り時間を提示

　図54は，英語科がICTを活用することにより，ユニバーサルデザイン化も進めている場面の1つである。4人一組で学び合い活動を行う際の時間指示を，視覚的に提示している。プロジェクターとiPadをつないで黒板にタイマーを大きく写し，残り時間の長さが一目でわかるようにしている。

（6）学校生活環境のユニバーサルデザイン化

　中学校入学後の最初の1ヵ月の学校生活を観察すると，給食配膳の動き，時間内での教室移動，各教科の準備物を忘れることなく揃える等の点で，スムーズな移行が実現しているとは言い難い現状であり，学校生活環境のユニバーサルデザイン化推進は必要度合いが高まっている。

　今年度は，学校生活全体のユニバーサルデザイン化推進に向けて，配膳室入口に写真による提示を行ったり（図55），「明日の連絡黒板」横に「持ち物一覧表」を掲示したりという手立てを積み上げている段階である。また学校保

図55　配膳を示す掲示

管の道具についても，生徒が片付けやすい環境づくりを少しずつそれぞれの担当場所で進めている（図56）。学校全体として体系化するまでには時間を要するであろうが，教員一人ひとりが気づきやアイデアを形にし，それを周囲も評価していくことで，学校全体として取り組みが進むと考えている。

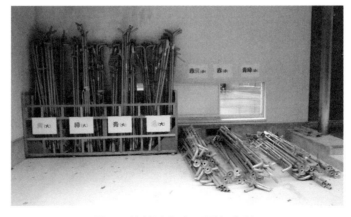

図56　片付けやすい環境づくり

（大槻由美子）

4 中学校　通級指導教室の役割

1 「本当は勉強がわかりたい」の言葉から始まった支援

　中学校では、生徒指導上の課題が通級による指導へとつながることは少なくない。ここでは、発達特性の把握という特別支援教育の視点で生徒を見直し、通級指導教室担当者、在籍学級の担任、教科担当者、保護者が連携して指導・支援を進めた宇治市のケースを紹介したい。

（1）指導・支援の出発点

　「本当は勉強がわかりたい」、教育相談の中で、「もしかしたら、勉強で困っていないか」という学級担任の問いかけに対して答えたDさんの言葉である。ここから、Dさんは通級指導教室の指導につながることになる。彼が中学1年2学期のことだった。

　わかりたくてもわからない、やりたくてもできない、その状況に気づき、その上で子どもの気持ちに寄り添い、子どものよさも認めながら、子どもから「わかるようになりたい」という気持ちを引き出すこと、これが指導・支援の出発点になる。また、このことを抜きにしては、検査も行えないし、指導・支援を行っても十分な成果も得られない。特に中学生ではその傾向は強い。学級担任のこの教育相談をもとに、以下の取り組みがスタートした。

（2）Dさんの状況と指導方針

　Dさん（男子）は、小学校では「友達との間で、何でも口に出してトラブルになることがあったが、気のいいところもあり、学級の人気者だった」と言われていたような生徒である。それが、中学校に入学してしばらくすると、授業中の離席や不規則な発言、友達への暴言暴力があることから生徒指導上の課題が注目され始める。注意を受けると「どうせ、おればっかり」、「大人なんか信用できない」と言い放つこともたびたび見られた。教科では、特に英語の学習意欲の低下が著しかった。また、学校行事への欠席が目立つようになってきていた。学級担任からは、Dさんが他の生徒から攻撃の対象になりつつあることへの心配の声があがった。

　生徒指導上の諸問題への対応と並行して、校内委員会では、特別支援教育の視点で彼を捉え直すことになる。特性への気づきの情報が校内委員会において集約された。そして「本当は勉強がわかりたい」というDさんの気持ちを引き出した先の学級担任との教育相談となる。以後、Dさんは通級指導教室での相談、検査につながっていくのである。

　Dさんの特性で注目したのは書字の弱さだった。空間認知と手指の巧緻性に課題が見られた。また、注意集中の弱さも見られ、それらが書き間違いにもつながっていると推測された。語彙

が豊富で流暢に話す一方で，話し手の意図を捉えそこねることもあった。アセスメントの詳細は省くが，それらの特性に起因する失敗体験の積み重ねが，Dさんの行動の背景にあると推測された。

そこで，以下のような指導仮説のもとに，通級指導教室での指導を開始することになる。指導目標は「授業への参加の意欲をもつこと」とした。授業に参加し，わかったりできるようになったりすることがDさんの自己肯定感を高め，生徒指導上の課題の改善と共に，自立や進路実現にもつながっていくと考えた。その指導仮説は次の通りである。

【指導仮説】
①書字の弱さへの個別の指導を行うことは，授業への参加の意欲につながる。
②落ち着いてやりとりをしたり，行動を振り返ったりする機会をつくることは，自己理解を進めたり，行動をコントロールする力を育てる。
③相談できる人がいることは，問題の解決や失敗を回避することにつながる。また，情緒の安定や他者への信頼を育てることにつながる。
④認められたり，達成感をもったりすることは，自己肯定感と学習意欲を高める。
⑤他者から攻撃をされたり，否定されたりする心配のない安心できる場を設定することは，情緒の安定につながり，学習に向き合う基盤をつくる。

（3）通級指導教室の取り組み
①特性に応じた指導
通級指導教室の指導では，まず英語の学習に取り組んだ。教科学習の指導ではあるが学習補充ではなく，学び方を本人と一緒に考え，通常の学級での学ぶ力や学ぶ意欲を育てることをねらいとした。書字の苦手意識から英語の学習への抵抗感が強いことも懸念されたが，「本当はできるようになりたい」という気持ちを引き出していたことから，通級の目的を英語の学習に絞り込んだ。目的を明確にしたことは通級の意欲につながり，週に1時間の通級に抵抗なくやってくることになった。具体的な指導内容は以下の通りである。

・アルファベットの習得
　アルファベットの形を言葉で捉えるようにした。大きく書いたり，体を使ったりして練習した。練習量は調整し，達成感をもって終わるようにした。文字の形を言葉で捉える方略は，後に漢字の習得にもつながっていく。

・授業の予習
　文法事項の説明や本文の音読を行い，授業に参加できる見通しをもたせた。口頭での発表や音読は得意であり，教科担当者と連携して授業では必ず得意な面を発揮できる場面を設定した。英単語の覚え方の方略を一緒に考えた。これらによって授業で教師からも友達からも評価される場面が増えた。

・興味関心を高める学習

　英単語の読み方をフォニックスで確認したり，英文の単語の並び方の規則を説明したりした。Dさんは，「そういうことか！」と感動の言葉を発するほど興味をもって聞いていた。また，折に触れて日常で見聞きする英単語や英文を取り上げ，意味を確認した。英語への興味が高まり，自ら英単語帳を作る姿も見られた。

・授業で配られたプリント類の整理

　プリントを貼ったノートを提出することが学習成績に直結することを理解したことで，意欲的に取り組むようになった。ノートの整理は達成感につながり，勉強をがんばりたい気持ちを支えることになった。プリントを切る，貼るといった作業は，手指の巧緻性のトレーニングにもなった。授業で配られたプリントは失うことも多かったが，「通級指導教室で整理するために」と意識して残しておくこともできるようになった。プリントを失った時は，教科担当者と連携して，Dさん自身に教科担当者までもらいに行かせるようにし，その頼み方の指導をした。

②教育相談

　Dさんには，通級指導教室が相談の場であることは最初に伝えた。相談は随時行った。問題解決に向けた相談を行う場合は，あらかじめ学級担任から学級での様子について情報を得るようにした。Dさんが話した内容はその場で書きながら整理をした。「相談するということは役に立つことなのだ」ということについて，折に触れて確認した。

　教育相談の中では，自分のものの捉え方の特徴，自分のよさ，苦手なことに気づかせるように話をした。自分の特性を知ることで行動のコントロールがしやすくなることを期待した。進路の話にもつなげた。

　一方，保護者相談は定期的に行い，Dさんの状況を整理しながら，Dさんの特性の理解の仕方と共に肯定的な評価を伝えた。家庭でできる支援を考えてもらった。進路については早くから話題にした。Dさんに対しては，保護者自身の仕事での体験を語ってもらうなどした。

③アセスメントと情報の発信

　通級指導教室で有効だった指導方法や，通級指導教室で得られたDさんの情報は，校内委員会をはじめ学級担任や教科担当者に提供していくことになる。それは在籍学級での生徒の学びや生活の指導・支援につながる。

　Dさんが受ける英語の授業では，新しいことを学ぶことに抵抗感を示すDさんの特性に配慮して，復習から授業に入るように授業の組み立ての工夫を行った。授業の流れや目標を視覚的に示し，「何を，どのように，どこまでやるか」を明確にした。Dさんが得意な力を発揮できる場面を設定した。また，書くことへの配慮としてワークシートを活用したり，記入欄の大きさや量を調整したりした教科もあった。

　学級担任は，取り組みを行う時には必ずDさんが参加できる場面をつくった。作業では，やること，やり方を明確にし，モデルを示して取り組ませた。指示や説明は，端的に，視覚的に

行った。Dさんは仕事を分担し、仲間と共にやり遂げる喜びを味わった。ここで学級担任が、様々な場面で「このクラスには君が必要なんだ」というメッセージを送りつづけていたことも忘れてはならない。Dさんを肯定的に評価し、学級の一員として大切にする学級担任の姿は、他の生徒のモデルになった。学級担任は、学級全員に対して、「人には得意なことも苦手なこともある。それは一人ひとり違う。大切なことは自分の力を伸ばそうと精一杯努力することなのだ」と語り、Dさんを通級指導教室に送り出した。Dさんは安心して通級指導教室に通級した。Dさんの表情は穏やかになり、学級はDさんにとって居心地のいい場所になっていった。

　通級指導教室でのアセスメントは、教職員のDさんに対する理解と共感につながっていく。Dさんからすると不条理な叱責がなくなり、また、注意されることや褒められることが一貫することで、Dさんは適切な言動についての理解を高めていった。同時に教師への信頼も取り戻していき、教師の言葉を受け入れるようになっていった。

(4) Dさんの変容を促したもの

　Dさんは、通級指導教室につながって以後、徐々にではあるが変容を見せる。ついには離席がなくなり、授業に参加するようになる。抵抗感のあった作文やテストの解答を書くようになり、細かい間違いはあるものの字の形は読みやすく整ってくる。また、自分の特性にも言及するようになり、進路も考えるようになった。その変容を支えたものは、通級指導教室や通常の学級での特性に応じた指導・支援によって育まれた「自分にもできる」、「自分もまんざらではない」という自信と、「ここでならがんばっていける」という安心感ではないかと考える。

　このように通級指導教室は、生徒の自己肯定感を高めたり自己理解を進めたりすることをベースにした指導や相談、情報の発信によって、生徒とその支援者を支えることができる。また、指導・支援の連携の一翼を担うことができる。

　しかし、通級指導教室の指導や相談が、生徒の成長の拠り所になることはあっても、また、通常の学級の指導・支援の充実に寄与することはあっても、通級指導教室だけが、生徒を成長させるわけではない。生徒の変容を促す大きな力になるのは、通常の学級における指導・支援（授業におけるわかりやすさの工夫、環境の配慮、一人ひとり大切にされる学級経営、個別の支援、など）の充実である。また、生徒の特性を理解し支援するというスタンスに基づく関係者の連携である。Dさんの事例はそれを教えてくれる。

　今後さらに、通級指導教室の指導の充実と共に、校内のチームによる支援体制の確立、特別支援教育の視点による授業改善、学級経営の見直し、教育相談機能の充実等を進めていくことが重要である。

（赤野秀実）

2 生徒を支えるチームの一員として

　猪名川中学校は，校区に３小学校を有し，全学年７クラス，平成27年度５月の在籍生徒数は776名であり，今後も生徒増が見込まれている。たくさんの生徒がいるぶん活気に溢れている反面，多様な成長段階の生徒がいるため，スムーズに中学校の環境に対応できなかったり，初めて出会う仲間とのコミュニケーションの成立に時間を要したりする生徒が少なからずいる。中学校全体としても，環境や授業におけるユニバーサルデザイン化を進めて，小学校から中学校への移行の段差ができるだけ小さくなるようにしているところではあるが，それでも不安や失敗から集団に入れなかったり，固まってしまいついていけなかったりする生徒がいるため，個別対応としての通級教室の必要性が高まっている現状である。

　ここでは，通級指導教室が，「生徒を支えるチームの一員としてできることは何か」の視点から，これまでの実践について述べたい。わずか２年間の取り組みではあるが，のべ人数40人の指導から感じた，通級だからこそ取り組めて，生徒にとって好ましい変化の見られた事例と職員・保護者との連携の実際を紹介していきたい。

（1）小グループ活動

　通級指導では，通常の学級の一斉指導では取り上げることができない，本人の困り感に直結した課題を個別に支援することに重点を置いている。

　その一例として，まず初めに，学級での授業で答えを思いついたら黙っていることができず，立ち上がることもある生徒（Eさん）への通級指導として，５人の同級生の小グループ活動を実施した内容を記してみる。

〈小グループ第１回目の授業〉

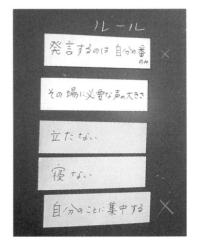

図57　参加ルール

　英単語のマッチングゲームを行い，様子を観察する。予測通り夢中になると立ったり，大声で答えたりするが，その場で促すと座る。授業の終わりに各生徒に「この時間を振り返って」の感想を記入させると，Eさんは「いい感じだった」と書いたのに対して，別の生徒は「Eさんがにぎやかで，集中しにくかった」と書いてきた。この２人は仲の良い間柄なので，Eさんが１人で通級している時間にこのことを伝えると「やっちまった」とうなだれ，「まわりに迷惑をかけた」と書いた。そこで，「１週間後の小グループ授業では，みんなが楽しめるように，ゲームの参加ルールを決めます。守れなかったら，ゲームから外れて見学になります」と話すと納得し，「ぜひやりたい」と答えた。

〈小グループ２回目の授業〉

参加生徒それぞれに，前回の様子をふまえて，どんなルールを決めるとよいかを考えて発表させた。お互いにルールを確認し合い，図57のように黒板に提示して，ルールが守れなかった場合は×をつけ，×３回でゲームから外れるとした。まわりの生徒も上手にＥさんに声かけをし，本人もルールを意識して参加できた１時間であった。

（２）書写トレーニング

図58　ひらがな点線補助線

枠内に字を収めて書けるようになることは，中学校生活の様々な場面で必要とされる。ことに，テスト，作文，受験に関する書類等においては，読んでもらえるような字を書くことは重要課題である。一般的な書字指導では単なる四角い枠からスタートするが，中学校の教科書指導の資料についているひらがなの形に応じた点線の補助枠がある用紙（図58）で練習すると目に見えて上達したので，紹介したい。最初はサインペンのように少し太いもので上からなぞり書きをし，美しい字のバランスを体感してから，見本を横や上に置いた状態で，この用紙に丁寧に書いていく。自分で書いた字が思った以上に美しいと，生徒たちは書き終わった後嬉しそうに眺めたり，感嘆の声を出したりしていた。感覚がつかめると，単なる四角い枠へ，そして罫線だけで，と進めていく。

（３）計画的にワーク等に取り組む手立て

やることリスト

２年４組　名前

内容	量	１単位にかかる時間	合計時間
英ワーク	23ページ	10分	230分 3時間50分
数ワーク	35ページ	20分	700分 11時間
社ワーク	19ページ	20分	380分 6時間20分
白地図	4ページ	15分	60分 1時間

図59　やることリスト

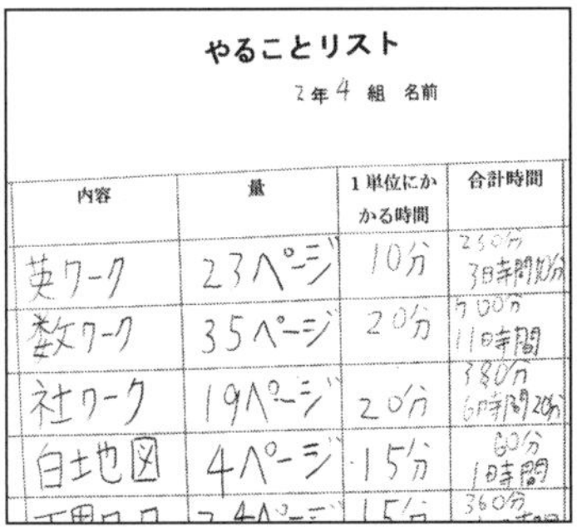

教科ごとの持ち物をチャック袋ごとに収納する指導をして持ち物が揃ったら，次は，期限内に提出できるようにするための手立てに入る。提出物をきちんと出せば，テストの点数を上げることができなくても，通知表の評定の１を２にすることが可能な点を本人に話し，「やることリスト」の用紙（図59）をもとに，次のような具体的な取り組み方を示していく。

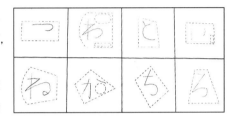

①提出物の内容すべてを書きだし，それぞれ１ページ仕上げるのに，どれくらいの時間がかかるかを記入する。本人がそれも把握していない場合は，実際にその場で持参したワークの１ページを一緒にしてみて，何分かかるか見てみる。そこから合計時間を換算し，さらに提出までの日数で割って，１日当たり何ページずつ進めれば終わらせられるのかと，それに要する時間を計算して記入する。
②１日分の課題を達成するための，家庭学習の予定時間割を立てる（図60）。
③ワークのページの数字の横に，何日までにここまでしておくという日付を記入する。
④次回の通級の時間に，進捗状況を確認し，以前より進歩していることを褒める。

⑤テスト後に，実際にテスト問題がワークからどれくらい出題されていたかを説明する。これは，単に提出物点を確保するためだけでなく，いま行っている取り組みが直接テストの得点につながっていることを認識させる目的がある。

⑥次に，テスト１週間前の出題範囲が発表になってからの取り組みだけでなく，授業のあった日に家庭学習で，その日に進んだ分ずつ（たいていワーク１ページ程度）していくことを勧める。１回に取り組む量も少なくてすむし，ピンポイントで復習でき，次の授業で自分が前回の内容を記憶していることが実感できるし，テスト直前に慌てなくてよいからと説明する。

図60　家庭学習の時間割

まずは，体験させてみて，少しでも進歩したことは褒め，さらにこういう方法がよいと提示するという手順が，成果が上がりやすい。自主的に家庭学習ができるようになると，やがて点数にも成果となって表れ，そうなるともう人から言われなくても自分からするようになっていく。取り組んでもすぐに成果が出ないとあきらめそうになるので，マンツーマンならではの通級の良さを生かして，生徒の頑張りを認め，以前よりも答えるのが早くなっていることなどの進歩を確認してやることで，持続力が育つ一助になると感じている。

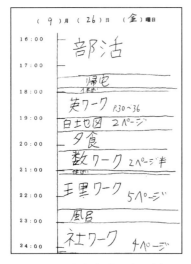

（４）通級記録ファイルによる担任・保護者との連携

担任・保護者との連携では，図61のような「通級連絡表」を毎回作成して，ファイルに綴じ，生徒を中心に三者で情報共有をしている。「学習内容」の欄は，通級担当が１時間の授業内容と本人の様子を記入する。「振り返り」は，この１時間にしたことについての生徒の感想や，これからこのことをがんばると宣言したことを書く。毎回の指導で１時間の中からどの部分を取り上げるかを考えて書くことにより，確実に書く力の向上が見られる。これは，「○○はどうだった？」と広く聞かれた時の的確な答え方の練習にもなる。この力は，受験の面接でも要求されるスキルである。「担任より」では，教室での様子を担任に書いてもらっている。

通級連絡表

日時	月　　日（　）			校時・放課後
今日の目標				
学習内容	1			
	2			
	3			
振り返り ☆☆☆☆☆ （自己評価）				
次回の連絡 （ 月 日）	持ち物		宿題	
通級担当より				
担任より				
保護者欄 （ご感想・ご意見・ご質問など）				

図61　通級連絡表

「保護者欄」からは，家庭での様子や保護者の思いを知ることができる。保護者が子どもの成長を前向きに捉えている家庭では，１年を通しての本人の「伸びしろ」は大きい。また，保護者が心配していることについて，連絡表を通じてやりとりすることもある。保護者と学校の

方向性が同じであることが確認できると，通級担当にとっては指導の励みとなり，ファイルのやりとりは楽しみとなる。

(5) 毎月職員会議における通級指導内容交流

本町では全職員に校務用パソコンが配置されており，その共有フォルダーに，毎月の通級生徒の様子を写真で取り込んだパワーポイントを作成して入れている。職員会議では，10分程の時間で，教員一人ひとりのPC画面で生徒の様子を見てもらい，通級生徒にとっても見やすい教科プリントを紹介したり，パニックがおさまった事例などを紹介したりして，共通理解しておくとよいことについて伝えている。この方法は，写真がメインなので，具体的な様子がわかり生徒の顔も覚えやすいと好評を得ている。

(6) おわりに

以上のような実践を通して通級指導の仕事の奥深さに触れ，筆者自身の学びの必要性の理解と学びたい欲求が高まると同時に，生徒と共に取り組む楽しさ，生徒の成長を間近に見る喜びを強く感じている。一斉授業の中では，声かけができることも限られるが，通級教室では，その生徒の状態とニーズに応じた支援メニューを立て，小さな進歩や変化を直接褒めることができる。人は，ささいなことでも誰かに認められることにより自信をつけていく。集中力の伸びや，要点を絞って話すことの上達，気持ちのコントロール力の向上等，それぞれの生徒が課題に向き合い，一人ひとりが何らかの成長を見せてくれる。しかし一方では，通級教室に来ても全く話さない生徒や，個別指導を受容できていない生徒など，最初は通級に意欲的でないケースもある。通級での時間が，それぞれの生徒にとって何らかの生きる力につながるものであると担当者自身が信じなければ進められないと感じることもある。

スクールカウンセラーやスクールソーシャルワーカーの方々のご意見を聞き，自分を後押ししてもらう力をいただいている。また，生徒の変化を担任や教科担当から聞けることで，自分の力に変えていくこともある。1人ひとりの生徒のニーズを取り上げ，有効な手立てを見極めていくことは，試行錯誤の連続ではあるが，逆に言えば，誰もしたことのない自分なりのカリキュラムを自由に組むことができ，その成果と課題をはっきり目の前で確認できる醍醐味がある。担任や教科担当は，限られた時間と多くの校務処理の狭間で四苦八苦しながらも，どの生徒にとってもわかりやすい授業や対応に取り組んでいる。正解はすぐには見えない現場だからこそ，生徒を支え，そして学校という組織を支えるチームの一員として，少しでも生徒と担任や教科担当の関わりを強化する働きができればと考えている。通級指導教室のような多様な学びの場があることは，生徒にとっても職員にとってもありがたいことであると感じ，通級担当であることを幸せに思っている。

（大槻由美子）

3 教科のつまずき支援がつながりをつくる

　茨木市に中学校の通級指導教室が設置されて6年目に入り，市内11校から24人の生徒が通っている。しかし，まだ通級指導教室の存在すら知らない中学校の教職員も多数いる。最近も，自校内から通級指導教室に通う生徒の担任で支援教育の活動にも協力的である教職員が「通級には他の学校の生徒も通っているんですか？」とつぶやいたことがあった。教室通信などで通級指導のことを発信しているつもりであった本稿筆者はかなりのショックを受けると同時に，まだまだ広報が足りないのだと反省した。ここでは，通級指導教室の認知と存在意義への理解を広めるための，これまでの取り組みと新たな取り組みについて報告する。

(1)「通級指導教室　在籍校の手引き」の作成

　通級指導への理解を広める取り組みとして，通級に関する教育委員会の説明（図62）に加えて，在籍校支援教育コーディネーター向けに「通級指導教室の手引き」（図63）を作成した。それまでは，年度当初の支援教育コーディネーター研修会で簡単な説明をし，質問があった時に詳しく説明するということを繰り返してきたが，そうした機会以外にも，通級指導への疑問が生じた時にはいつでも見られるようにする必要性を感じ，本手引きの作成に至った。

　本手引き資料を用いて，通級している生徒の在籍校の研修会で説明を行った。中学校の場合，在籍校の支援教育コーディネーターに通級と在籍校をつなぐ役割を担ってもらうことが特に重要なので，これらの資料はコーディネーター向けとしている。しかし，コーディネーターが毎年変わったり，支援委員会に初めて加わる方が担当になったりすることが多くなり，よりわかりやすく丁寧な説明が必要になってきている。生徒を指導するために必要な文書が通級担当者に届かないままに指導することがないようにしたいが，この点がまだ十分ではない状態である。

(2) 通級の手続きから個別の指導計画作成へ

　本市では，通級指導教室の生徒に対して，様式を統一した専用の個別の指導計画，教育支援計画を作成することが通級の条件になっており，在籍校で作成された個別の指導計画に通級指導教室も参加する形で，通級に関する記入欄を設けた計画の書式としている（図64）。そのため，市で統一した個別の指導計画と教育支援計画の作成についても，説明のためのパワーポイントなどを作り，通級担当者が説明している。

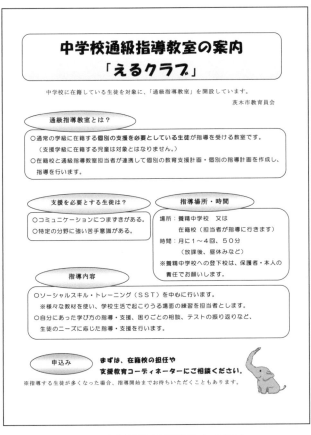

図62　中学校通級指導教室の案内

図63　通級指導教室の手引き

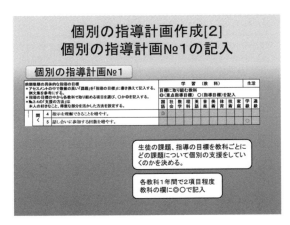

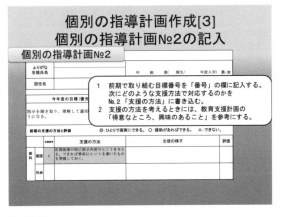

図64　個別の指導計画

第1章　中学校の特別支援教育をどう進めるか　57

（3）在籍校や保護者との連携・情報交流のために

①連絡ファイル

「通級の連絡ファイル」（図65）を用いて，通級指導教室担当者から保護者へ，保護者から担任への情報交流を行っている。生徒にはそれぞれの人に届ける役目を頼み，約束したことを忘れずに行う練習にしている。

②在籍校支援教育コーディネーターとのメール連絡

市教育センターWEBサイトを利用したメールで在籍校コーディネーターに指導報告を送り，指導や支援のタイミングを逃さないようにし，在籍校と情報を共有できるように工夫している。

③通級指導教室通信

通級指導教室の通信（図66）を学期に1回発行し，在籍校の教職員や各中学校のコーディネーター，教育センター職員などに配布している。

④巡回指導，訪問サポートでの情報交流

巡回指導や訪問サポートで在籍校を訪問した際に，通級している生徒に関する情報や個別的な配慮の方法などの共有を行っている。

図65　通級の連絡ファイル

図66　通級指導教室通信

⑤ソーシャルスキル・トレーニング（SST）

　通級指導教室では，「NPO フトゥーロ LD 発達相談センターかながわ」のワークシート教材（『あたまと心で考えよう SST（ソーシャルスキルトレーニング）ワークシート思春期編』かもがわ出版）を用いた SST を行っているが，個々の生徒の課題や生徒から聞き取ったことをノートに書き，生徒一人ひとりに合わせた行動や言い方を確認して，指導することもある。

⑥生徒の特性に合わせた教材・教具の作成

　通常の学級の授業でのプリント教材を，生徒の特性に合わせた形式に変更したり，独自の教材や教具をつくったりしている。

（4）通級指導教室と通常の学級が連携した支援の実践例

　通級指導教室の担当者と教科担任，支援教育サポーターが連携して行った，書くことが苦手な生徒への支援の実践例を紹介する。

①支援対象生徒の状況

　授業で鉛筆を使用することが多く，非常に短い鉛筆を使っていることもある。書き始めるまでに時間がかかり，書く速度がゆっくりである。書いている最中にぼんやりすることもある。

②通常の学級での漢字小テストの実施方法

　新出漢字を含む文を教員が読み上げ，生徒はそれを聞いて文を全部書く。後で問題文を生徒が確認できるように教員が板書する。テスト用紙は，マス目で補助線が入っている（図67左）。

③教科担任との協議

　授業中の支援に入っているサポーターから文全体を書ききるのが難しい生徒がいると聞いて，教科担当者と通級担当者で以下のことを確認した。

・漢字小テストは漢字習得のために実施しているものであること。
・書字が崩れている生徒やテストで得点を取ることが難しい生徒が何人かいること。
・教科担任には，参考資料として，通級指導教室で使用している漢字学習用紙を提示した。この用紙は，新出漢字だけを記入するもので，記入枠の間に行間を設けてある。また，この用紙に実際に記入した生徒の書字の状態も見てもらった。

④漢字小テストの変更点

　協議の結果，小テストの形式を以下のように変更してもらった。

・文ではなく，新出漢字のみを書くようにする。
・書く量が少なくなったので，問題数は5問から10問に変更する。
・問題文は記入用紙に印刷しておく。
・解答欄はマス目に補助線を入れ，行間を空ける形式に変更する（図67右）。

⑤支援対象生徒への個別指導

　通常の学級内では，短い鉛筆の使用をやめ，シャープペンシルを使う場合は，筆圧の調節が

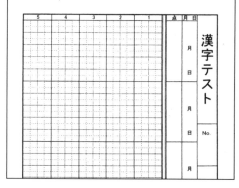 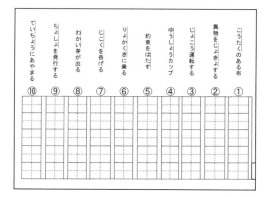

図67 通常の学級の漢字テスト用紙（左：以前のもの，右：現在のもの）

 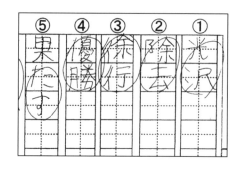

図68 支援前の書字（左）と支援後の書字（右）

苦手なので，芯が折れないシャーペンの使用を勧めた。また，通級指導教室でも個別的な指導を行った。保護者にも協力を依頼し，教科担当，通級指導教室担当，支援教育サポーター，保護者が連携した結果，通常の学級の漢字小テストで図68のような字を書くことができた。対象生徒は，テストの得点にも満足し，「できて嬉しい」という気持を示すようになった。他のことにも自信をもって取り組み，支援者の助言を信頼して受け入れるようになってきている。

⑥書くことの支援全般について

漢字小テストの変更に対して，「問題が印刷されたことで見直しがしやすくなった」という生徒もいた。書くことの問題については，筆圧の弱い生徒には鉛筆やシャープペンシルに替えてボールペンの使用が有効である。また，シャープペンシルの細い線の歪みが気になる生徒には，サインペンの使用も有効である。どちらの場合も，書いた線を消せるペンが販売されているので，書き直しも簡単になっている。本取り組みでは，一部の生徒への個別の配慮を考えることで基礎的環境整備が進み，ユニバーサルデザイン化につながった。しかし，なお一層の個別の配慮を考える際には，①困難の状況を知るための生徒からの具体的な聞き取り，②支援の有効性の根拠を示すためのデータづくり，③具体的な配慮方法の提示（例：テスト用紙のモデル）などが必要になると考えられる。

（5）生徒の特性に合わせた教材・教具の作成

ここでは，通級指導教室の担当者が中心となって行っている「生徒の特性にあったノート」を制作する取り組みについて，国語科と英語科のノートを例に説明する。

①国語ノート

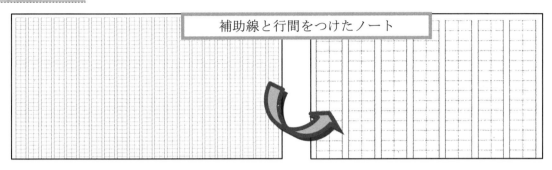

図69　国語のノート

文字が罫線からはみ出しているのに字や行を詰めて書く生徒には，図69のような行間スペースを入れたノートの使用を試みている。生徒によって微妙に使いやすさが違うので，市販のもので対応できない場合には，通級担当者が手作りのノートを作成し，その生徒が使いやすい形式を追求している。指導者がつくるので，生徒に合わせたオーダーメイドのノートとなり，使い勝手がよくない時はすぐに変更できる。

②英語ノート

アルファベットは書けるが単語ごとにまとめる書き方が苦手な生徒には，縦にドットがついた英語のノートを薦めている。しかし，市販の物は8行と10行しかないので，生徒の要望にそって13行の英語ノートを製作した。

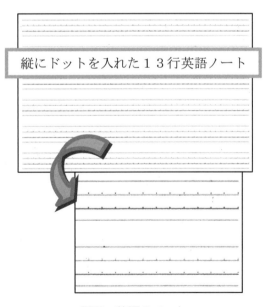

図70　英語のノート

以上のような支援では，生徒の書きやすさに合わせることも重要であるが，生徒自身にそのノートを「使ってみよう，使ってみたい」という気持ちがなければ，実際には役立たない。生徒がこうした気持ちになるためには，本人からの聞き取りを丁寧に行い，提案の仕方とタイミングを工夫する必要がある。例えば，表紙を市販のノートと同じように見えるものにすることや，表紙に本人のお気に入りのデザインを使用することなども大きなポイントになる。

（草場綾女）

4 通級指導教室の課題と今後の取り組み

　宇治市，猪名川町，茨木市の3市町の通級指導教室における実践を見てきたが，中学校の通級指導教室は設置が本格的に始まってからの歴史が浅く，その役割や在り方について，まだ不明確な点も多い。しかし，インクルーシブ教育システムの構築が目指され，高校の通級指導教室の設置も現実化しようとしている現在，中学校の通級指導教室の役割は今後ますます重要になってくるはずである。ここでは，中学校の通級指導教室がこれまでに果たしてきた役割と今後に求められる役割について述べたい。

（1）通級指導教室が果たしてきた役割
①生徒が望んでいるもの

　通級指導教室に通い始めた生徒たちの「自分データづくり」（『あたまと心で考えよう SST（ソーシャルスキルトレーニング）ワークシート思春期編』NPO フトゥーロ LD 発達相談センターかながわ編著　かもがわ出版）の中に「ここ（通級指導教室）には何をしにきていますか？」という問いがある。この問いに対して，ほとんどの生徒は「勉強」と答えることが多かった。「どんな勉強？」とさらに踏み込んで尋ねると，答えられない生徒がほとんどだが，中には「生きるために」や「人生の勉強」と答える生徒もいる。

　生徒の多くは，保護者や先生に勧められたことがきっかけで教室に来ている。そのため，中学校生活に慣れてくると「いつまで通わなければいけないのか？　部活もしたいのに……」と通級することに疑問を感じ，「教室を休みたい」と訴える生徒も出てくるが，たいていの場合，保護者に説得されて通級を続けることが多い。この傾向は，中学校入学後に通級指導教室に通い始めた生徒によく見られる。その一方，小学校の時から通級指導教室に通っている生徒の場合は，上手に個別の支援を受けていて，教室を自分にとって必要な場所と捉えていることが多い。

　実際，在籍校で問題なく過ごせている生徒に，「まだ通った方がいいのかな？」と担当者が尋ねたところ，少し考えて「これからのためにここに通う」と答えた。また，小学校で通級指導を受けていて中学校に入学した生徒が，教室に通う理由を「自分を変えるため」と答えたこともある。このように，教室に通い始めた時期による違いもあるが，教室に通う生徒の多くは，「自分は困っていることがないのに」と言いながらも，何かしら口にはできない不安を抱えているように感じられる。一般に，生徒たちは，通級指導教室を次のような場として捉えているようである。

　　○学校の中で自分を出せる居場所，一時休養所，一時避難所。
　　○困ったことを解決するための作戦を考えるところ。
　　○勉強のがんばり方を教えてくれるところ。

②保護者の願い

　発達障害の診断の有無に関わらず，通級指導教室に通う生徒の保護者は，「なぜこんなに育てにくいのか」という悩みを抱えながら，その悩みを周囲の人から理解されていないことが多い。そのため，教室では，まず個別の指導計画と教育支援計画を作成し，学期ごとの個人懇談に合わせての支援の懇談を在籍校と共に実施してきた。ある母親は懇談で，「個別の指導計画は書かなくてもよいけれど，支援の懇談だけは続けてほしい」と希望を述べられた。生徒も学校生活にも慣れ安定した状態であったのだが，保護者にとって子育ての悩みを共有できる相手が少なく，この支援の懇談がとても重要であることを実感した。支援の懇談は時間が長引くことが多く，進路の懇談で気がつけば3時間を超えていたこともあった。長ければ良いということではないが，保護者の声に耳を傾けることは非常に重要だと感じる。

③在籍校（教職員）の希望

　在籍校からの通級指導の希望は，小学校からの継続，保護者からの希望，巡回相談や発達相談，関係機関からの勧め，などからあがってくることが多いので，在籍校に対しては通級の説明から始めることが多い。在籍校から直接に通級の希望があがってくる場合は，「生徒の困った点を何とかしてほしい」というのがほとんどで，生徒の困り感というより学校・教師の困り感が強い。こうした場合は，生徒理解のための情報を在籍校に伝えること，巡回指導などで在籍校を訪問して先生方との連携を図ることが大切である。

（2）今後の通級指導教室の役割

　中学校の通級指導教室が果たすべき役割として重要なことは，まず第1に，生徒が教室で学んだことを生かして，必要な配慮を受けつつ学校（通常の学級）や地域社会の中でうまく過ごせるようにすることである。そのためには，教室での指導内容を精選し，以下の点を目指した支援を実践していく必要がある。

- 〇自分の得意をどう生かすか，自分の苦手なところをどう補うか，苦手なことについてどのようなサポートを周囲に求めるかなど，生徒の自己認知の力を高める支援。
- 〇生徒に，高校進学や青年・成人期の生活を視野に入れた「時間軸の中で自分の今を考える視点」を育てていくための支援。
- 〇学習面では，単なる知識やスキルの習得（補充学習）にとどまらず，生徒が学習のための方略を知り，方略を身につけられるような支援。
- 〇学校生活や将来の社会生活に必要なソーシャルスキルと実生活スキルを身につけるための支援。

　第2に，これらの目標を達成していくためには，通級指導教室での取り組みだけでは当然不十分で，在籍校や保護者，関係諸機関との連携が不可欠となるが，その連携において「つなぐ役割」を果たすことが通級指導教室のもう1つの大きな役割である。

（草場綾女）

第2章
ユニバーサルデザインと合理的配慮の視点でつくる授業

1 授業におけるユニバーサルデザインと合理的配慮

　中学校における国語科は，小学校からの基礎的な「聞く」，「話す」，「読む」，「書く」，「読解」の各領域の上に成立してくる学習である。しかしながら，中学校国語の現代文・古典の分野で教科書に出てくる文章は，概念的・抽象的な言語が多くなる。文章も長文で，ワーキングメモリー容量が小さい場合には，内容理解にも困難が生じてくる。ユニバーサルデザイン（UD）の視点で授業を考える時，文章にある言語表現からどれだけのイメージ化ができるかが大きなポイントとなる。ここでは，文章のイメージ化をどう支援するかの観点で授業を構成した。

1 国語科（1年：小説の読解）

（1）単元名　　小説　芥川龍之介作「トロッコ」（『中学生の国語　1』三省堂）

（2）単元目標
・情景や行動の描写を通して，主人公の心情の変化を読み取る。
・作者の表現の工夫に気づくことを通して内容を理解する。
・主人公の心情の変化を自分の体験と照らしながら味わう。

（3）教材観
　本教材は，少年時代の良平がトロッコに乗るという体験と，大人になってそれを回想するという物語を読んで，自分のものの見方や考え方を広げることを意図した教材である。トロッコ体験を時間の経過にしたがって視覚化したり，場面ごとの良平の気持ちの変化を読み取ったり，情景描写の効果について話し合ったりする学習を通して，小説を読み味わう楽しさを与えることができる。

（4）生徒観
　本学級の生徒は，明るく，活発であり，毎回の国語の授業での発言も多い。前向きで学ぶ意欲があり，発問に対して積極的に考えて答えを導きだそうとする。読み取りが深く，教師の予想を超えるような良い意見が出ることもある。しかし，一部の生徒は集中力が持続せず，私語や手遊びなどが見られることがある。また，自分なりの解釈を文章化できても進んで発表しようとしない生徒もおり，発言する生徒が固定化される傾向がある。

(5) 指導観

「トロッコ」は過去の回想と現在の主人公の姿が描かれた二重の時間構造になっている。また，随所に表現の工夫が見られることから，時間の流れ，情景描写，行動描写などの表現の工夫を通して，主人公の心情に迫っていきたい。さらに，主人公の心情を自分なりの言葉でまとめ，ペアやグループで共有することによって，発表の苦手な生徒も授業に積極的に参加できるようにしたい。イメージしやすいように視覚化したり，課題をスモールステップ化したりすることで，考えやすくする。それにより，読み取りが苦手な生徒も意欲的に取り組ませたい。

(6) 評価

①関心・意欲・態度
・進んで小説に親しみ，描かれている情景や心情を理解しようとしているか。
・自分なりの考えをもとうとしているか。

②話す・聞く能力
・音読の際，正確に大きな声で読めているか。
・他者の考えを聴く姿勢をもてているか。

③書く能力
・読み取ったことについて，自分の考えや感想を書くことができるか。

④読む能力
・情景や行動から心情を読み取り，主題について考えることができるか。
・作者が何を表現しようとしているのかを理解しようとしているか。

⑤言語についての知識・理解・技能
・言葉の意味を文脈に沿って理解しているか。
・情景や行動，心情や語句を手がかりに理解しているか。

(7) 指導計画（全5時間）

第1時　新出漢字，新出用語の確認をし，物語の構造，登場人物を把握する。
第2時　場面ごとの主人公の気持ちについて読み取り，話し合う。
第3時　主人公の気持ちや情景などを表す多様な語句の役割や効果について理解する。
　　　　（本時）
第4時　主人公の心情がどのように描かれているかを，場面の展開に沿って読み取る。
第5時　文章に表れた作者のものの見方や考え方について，自分なりのものの見方や考え方をもつ。

(8) 本時の目標

・少年時代の良平の心の動きを捉える。
・作者がどのように情景を描いているのか，その意図を理解する。

（9）ユニバーサルデザイン化の観点

　聴くことについては，聴く姿勢が身についていない生徒がいる。聴く姿勢が身についている生徒でも，「聴いている＝理解している」とは言い切れない生徒も多く，口頭説明だけでは十分には理解できていない面もある。また，書くことについては，板書を写すことが苦手な生徒も多く，机間巡視による個別の指導・支援が必要である。集中力が持続せず，手遊びなどをしてしまう生徒もいる。全体指示を再度かみ砕き，丁寧に説明するなどの個別支援が必要な生徒も数人いる。

- 構造化　・「今日の目標」と「今日の流れ」を提示する。
- 　　　　・良平の気持ちの揺れをスモールステップで読み取る。
- 視覚化　・場面ごとの絵を黒板に貼って活用する。
- 　　　　・ワークシートにも絵を記載し，黒板とワークシートを関連づける。
- 協働化　・ペアワークの活用：良平の気持ちを表現している箇所の確認。
- 　　　　・グループワークの活用：印象に残った場面の共有。

(10) 支援を必要とする生徒への配慮

A：授業中は落ち着きがなく，授業中勝手にしゃべってしまったり，後ろの生徒に話しかけたりすることが多い。忘れ物も多い。勝手にしゃべり始めた時は，いつもアイコンタクトで注意を促すようにしている。忘れ物については，忘れなかった時にポイントを与えるようにして，意識化している。

(11) 準備物

- ホワイトボード　　・ペン　　・道のりを描いた絵（黒板掲示用）
- 道のりを描いた絵（グループワーク用）
- 「今日の目標」と「今日の流れ」を書いたカード　　・ワークシート

(12) 本時の展開

	学習活動	指導上の留意点	UD化の観点	評価の観点と個別支援
導入	1　前回の復習。本時の目標，授業の流れの確認。	発問し，前回の内容を全員で確認させる。本時の目標，授業の流れを掲示物で確認させる。	構造化・視覚化。	発表する意欲が見られるか。（観点①）個：発表ルールを事前に確認。
	2　第三段落を音読する。	大きな声ではっきり音読させる。道のりをイメージしながら黙読させる。	目的の焦点化。	大きな声で音読できているか。（観点②自己評価表）個：音読時巡回し，できていることへの評価。

	3　4人班に分かれ，ホワイトボードにトロッコの道のりをつくる。	班全員で協力させる。	グループワークによる協働化。ホワイトボードによる視覚化。絵による視覚化。	
展開	4　トロッコを押すことになった良平の気持ちの動きを場面ごとに考える。	（ワークシート配布）背景描写が良平の心理を表していることを理解させる。	スモールステップ化。ペアワークによる協働化。	情景や行動から心情を読み取ることができるか。（観点④）
	①工事場での良平の気持ちを表している様子・行動に線を引く。ペアで確認。	ペアでしっかりと話し合わせる。	机間指導。様子（黒）・行動（青）を色別で線引きさせる。代表的な様子・行動のカードを色別にして掲示することで視覚化する。	個：行動と様子の言葉の違いを例にあげて説明し，線を引かせる。言葉の意味を文脈に沿って理解しているか。（観点⑤）個：グループ内で他の生徒の意見を聞けている時は評価する。
	②みかん畑での良平の気持ちを表している様子・行動に線を引く。ペアで確認。			
	③雑木林での良平の気持ちを表している様子・行動に線を引く。ペアで確認。		グループワークによる協働化。	
	5　自分が主人公になったらどの場面を演じてみたいかを発表させる。	なぜ，その場面を演じたいかの理由を良平の気持ちを理由に発表させる。	机間指導。心情を表す言葉を色を変えて板書する。（視覚化）	情景や行動から心情を読み取ることができるか。（観点④）個：発表時に当てることを机間巡視で伝えておき，構えをつくらせる。
	6　場面ごとに発表する中で良平の心情の変化を押える。	発表の理由から主人公の気持ちを表現させる。出なかった場面については個別発言で取り上		

				げる。		
まとめ	7	本時のまとめ。	心情の変化を絵と関連づけて理解させる。	絵による視覚化。	進んで，描かれている情景や心情を理解しようとしているか。 （観点①）
	8	振り返り。	目標についての達成度と主人公の変化について書かせる。	毎回の振り返りカードを使用する。 （構造化）	個：少しでも書けていれば評価する。
	9	次時の予告。	次の場面での良平の気持ちを読み取ることを知らせる。		

図1　板書で視覚化

（構成＝米田和子）

2 国語科（3年：詩）

(1) 単元名　　詩の魅力を伝えよう（『中学生の国語　3』三省堂）

(2) 単元目標
・必要な情報を簡潔に解説し，わかりやすく説明する（聞くこと・話すこと）。
・魅力を効果的に伝える文章を書く（書くこと）。

(3) 教材観
　様々な場面で強く感動したり，心に響くことがあるが，それをわかりやすく伝える方法を学べる教材である。グループで検討することで，周囲の人間がどのように受け止めているのか知ることができ，どのような言葉で表現するか学び，今後に生かせる教材である。

(4) 生徒観
　男女共に仲が良く，協力し合う姿勢が随所に見られる学級である。しかし，指示には従順に従う一方で，自ら先頭に立ち集団を率いていく姿はあまり見られない。学習面においてはどんどん意見を発表する生徒が数名おり，授業全体を引っ張ってくれている。しかし，活発に意見を発表する生徒の陰に隠れて，自らの意見を発表できないまま授業を終了してしまう生徒も見受けられる。

(5) 指導観
　心を強く動かされることはあっても，言葉で表現する際に単純な言葉でしか表現できない生徒が多い。より具体的に伝わる表現はどのようなものか，グループで交流する中で実感させ，表現の幅を広げていき，今後の学習に役立てていきたい。

(6) 評価
・詩に関心をもち，それを伝えようとする。
・相手に理解されやすいよう工夫して説明している。
・班の中で自らの意見を自らの言葉で発表している。
・他の意見を理解しようと努めている。
・評価方法はワークシートと鑑賞文で行う。

(7) 指導計画（全4時間）
　第1時　詩の魅力を感じ，表現する。
　第2時　様々な詩に触れ，感じたことを交流する。
　第3時　提示された詩についてグループで交流する。（本時）
　第4時　その詩の鑑賞文を互いに読み合い交流する。

(8) 本時の目標
・提示された詩について各自意見を言う。
・互いの思いを確認し，より深く詩の魅力を探る。

・意見を交流し合うことで一人ひとりが異なる感情をもつことを知る。

(9) ユニバーサルデザイン化の観点

視覚化　・目標の視覚提示。
　　　　　・表現語句に当てはまる情景の写真を提示する。
　　　　　・季節や状態を表現する語句に色別で線を引かせて視覚的に明確にする。
　　　　　・付箋を使用することで話し合いの時に比べやすくさせる。
　　　　　・表現の違いを色分けすることでよりわかりやすくする。

構造化　・授業の流れを提示することで参加しやすくする。
　　　　　・付箋を使用することで整理しやすくする。

協働化　・付箋を使用しながら他の人の意見と比較する。

(10) 支援を必要とする生徒への配慮

A：学習面に大きな課題を抱え，学習内容が理解できず，作業の指示も理解しきれないため，個別に指示をしなければならないが，周囲の生徒からの自発的な声かけ等を受けながら活動に取り組ませる。

(11) 準備物

・教科書　・ノート　・国語便覧　・付箋紙　・原稿用紙　・ワークシート

(12) 本時の展開

	学習活動	指導上の留意点	UD化の観点	評価の観点と個別支援
導入1	1　本時の目標と流れを確認する。 2　交流の手順を確認。 （教科書 p.81）	目標と授業の流れの見通しをもたせる。	視覚化・構造化。	個：読めない語句にはルビを打った手順書を配布。
導入2	3　重要語句に線を引く。	「イメージが広がる言葉」 「はっとした表現」 「心に響いた言葉」 「深く考えさせられた表現」 「強いメッセージ」 それぞれ言葉には赤線と黒線，表現には赤波線と黒波線を引かせる。	それぞれの語句がイメージしやすいように写真例などを提示する。（視覚化） 線に色分け・線種を区別することでわかりやすくする。	個：例を提示する。
	4　題材となる詩を配布。		色を変えて線を引き目立たせることで，第一印象を記憶に残す。	イメージできていない生徒がいないか留意。イメージをつかめてい

段階	学習活動	指導上の留意点		
展開	5 各自ワークシートに，心動かされた表現に赤線を引く。付箋にどう感じたか書く。	付箋には記名させる。タイムタイマーで5分提示。		ない生徒に具体例を挙げるなどの支援をする。 個：わからない言葉などがあれば友達に聞くように声かけをする。
	6 大きく印刷された詩を配布し，各自の気になった箇所について付箋を貼付する。	グループごとに机を並べ替えて，付箋を貼り並べる。タイムタイマーで5分提示。	作業終了時間を示すことで先の見通しを立てさせる。	
	7 付箋の貼られた箇所について意見交流。 8 意見をその付箋に書き込んでいく。	賛成，補足意見は青で書く。疑問点は赤で書く。（交流時間20分）	付箋を貼ることで各自の意見を視覚化する。 付箋に書き込んでいくことで，視覚化する。	
	9 賛同意見の多いものは残し，反対意見の多いものは外していく。3～5カ所にまとめる。			
	10 各班の意見を全体で交流する。	意見を発表する時は付箋を貼った紙を提示して交流させる。		
まとめ	11 本時の活動を振り返り，ワークシートに記入し，鑑賞文を書く準備とする。	各グループの用紙を見ながら，自分の意見の変化したところを主としてワークシートに書かせる。		

（構成＝米田和子）

中学校の社会科は地理・歴史・公民の分野に分かれているが，どの分野においても年数が経つにつれて，また世界状況が変化するにつれて学ぶ内容も増えてくる。特に歴史においては，現代における日本だけでなく，世界状況も日々変化し目まぐるしいという状況がある。

これまでの歴史の上に成立している現代史を考えると，どこかの時代の歴史を省略して指導することはできない。歴史は，毎日の授業の中で歴史教材を通して，人類の今後を考えさせるという重要な科目でもある。中学校では同時に，授業の中で思考させるだけでなく，知識として定着させ，長期記憶に落とし込んでいく作業も必要となる。知識として記憶することは，往々にして個人の自己学習に任されがちであるが，特別支援教育の観点から見れば，授業のユニバーサルデザイン化への取り組みの中で，学んだ語句をイメージ化させて，エピソード記憶に繋げる作業に意識して取り組む必要があると考え，授業を構成した。

3 社会科（歴史，公民）

（1）単元名　　「アジアと太平洋に広がる戦線」（『中学生の歴史』帝国書院）

（2）単元目標

第二次世界大戦の展開と日本の動向，戦時下の国民生活について考察し，理解を深める。

（3）教材観

本単元では，アジア・太平洋戦争時の我が国の政治・外交の動き，加えて中国などアジア諸国との関係，欧米諸国の動き，更に終戦前後の国民の生活などがわかる。以上より，軍部の台頭から戦争までの経過と，大戦が人類全体に及ぼした惨禍を理解するのに適した教材である。

（4）生徒観

本学級の生徒は，素直に教師の指示を聞き，真面目に授業を受けることができる。一方，自分の意見をもつことに自信がなく，一問一答式ではない問題を答えることが苦手である。また，口頭での指示を聞き逃したり，文章を一度読むだけではイメージすることが難しかったりする生徒も少なくない。

（5）指導観

・ICT機器を活用して，当時の情景などをイメージしやすくし，学習を進めたい。
・ペア読みや，班活動を通して，理解を深める学習を進めたい。

（6）評価

①社会的事象への関心・意欲・態度

・第二次世界大戦が引き起こされた世界の情勢や戦争による惨禍を知ることによって，現代の平和を大切にし，国際協調の大切さを考えようとする。

②社会的な思考・判断・表現

・経済の混乱と社会問題の発生，昭和初期から第二次世界大戦終結までの我が国の政治・外交の動き，加えて中国などアジア諸国との関係，欧米諸国の動きから，戦争までの経過を読み

取り，大戦が及ぼした人々への惨禍を理解することで平和への大切さを考えることができる。

③資料活用の技能
・戦争中の写真などを利用して，戦争の悲惨さを読み取ることができる。

④社会的事象についての知識・理解
・軍部の台頭から戦争までの経過と，大戦が人類全体に惨禍を及ぼしたことを理解する。

（7）指導計画（全5時間）
第1時　　第二次世界大戦への道
第2時　　植民地の支配と抵抗
第3時　　戦局の悪化と苦しい生活
第4時　　ポツダム宣言と日本の敗戦
第5時　　それぞれの敗戦と出発（本時）

（8）本時の目標
第二次世界大戦の敗戦によってどのような傷あとが残ったかを理解する。

（9）ユニバーサルデザイン化の観点

視覚化
・玉音放送の内容を実際に聞きながら，実物と現代訳したものをパワーポイントで提示する。
・戦時中の実際の様子を写真で提示することでイメージしやすくする。
・記憶に残す必要のある言葉を三択形式のクイズで提示し，エピソードとして記憶の定着を図りやすくする。

構造化
・授業の流れを提示し，見通しをもたせる。
・パワーポイントを使用することで刺激量を減らし，焦点化しやすくする。

協働化
・シベリア抑留の写真を通して，当時の生活や人の思いを想像し，話し合わせることで戦争中の悲惨さについての思いを深める。

（10）支援を必要とする生徒への配慮
特に，個別の支援を必要とする生徒はいない。イメージ化しにくい生徒が多いので，ユニバーサルデザインの視点で視覚化・協働化を意識して取り組むことで全体的な支援としたい。

（11）準備物
・写真　　・CD（玉音放送）　・CDデッキ　　・書画カメラ
・パソコン　　・ホワイトボード　　・プロジェクター　　・ワークシート

(12) 本時の展開

	学習活動	指導上の留意点	UD化の観点	教材・教具・ICT
導入	1 玉音放送を聞いて，当時の人々の思いを考えて発表する。 2 人々の思いを教科書から確認する。	受け止め方は様々だったことを確認させる。	授業の流れを提示。 玉音放送の文を提示。（原文と訳文） 刺激量を減らす。 玉音放送を聞いている写真の提示。	授業の流れカード。 CD，CDデッキ。 書画カメラ。 玉音放送の現代語訳。
展開	3 目標を確認する。	タイトル，ページ数を板書する。	流れと目標の提示。	目標を書いた紙。
	4 ペアで教科書を読む。	自分が音読しない時も本文を目で追わせる。	音読のページを書く。	
	5 ソ連の満州侵攻について理解する。	クイズ形式三択で興味付する。 人数に着目させ，帰れなかった人の存在を強調する。	満州での兵隊数と抑留された兵隊数を比較させる。	パワーポイント。
	6 シベリア抑留者の生活を班で想像する。			ホワイトボード。
	7 シベリア抑留の絵のスライドを見る。	シベリア抑留の悲惨さ，残った傷あとを深めさせる。	写真を見て当時の人がどのような状態でどのようなことを考えていたかを考え話し合わせる。（協働化）	パワーポイント。 書画カメラ。
	8 教科書のコラムを見る。			
	9 買い出し列車の写真から何をしに行こうとしているのか考える。	配給制だけで生活し，亡くなった例を提示。	買い出し列車の様子や闇市の様子の写真から暮らしを想像させる。（視覚化）	農家から野菜を買う写真・配給の写真・闇市の写真。
	10 ワークシートで本時の流れを確認する。	教科書を参考にしてカッコないの重要語句を押えさせる。	プリントをパワーポイントで示し，答え合わせをする。	

| まとめ | 11 振り返りシートを書く。 | | | |

ワークシート
それぞれの敗戦と出発（教科書 p.220）
・1945年8月15日
（①　　　　　　　　　）……天皇，日本の降伏をラジオで国民に知らせる
・第二次世界大戦　日本，約（②　　　　　　　）人の死者
　　　　　　　　　軍人約230万人
　　　　　　　　　民間人約80万人
（③　　　　　　　　　）……満州にいた軍人や住民約（④　　　　　　）人がシベリアで強制労働
　　　　　　　　　　　をさせられる→　寒さと飢え，重労働で6万人以上が死亡
・1947年頃から帰国開始
・1956年までに約47万人が帰国
（⑤　　　　　　　　　）……日本へ引き揚げられずに，中国に残された日本人の子ども
（⑥　　　　　　　　）……都会の人々，農家に野菜を分けてもらいにいくため，列車に殺到
（⑦　　　　　）……敗戦後，都市の駅前などにできた市場
　　　　　　　　　生活必需品を求めて多くの人が集まった

図2　授業の様子

（構成＝米田和子）

4 社会科（3年：公民）

（1）単元名　「私たちの生活と経済」（『中学社会公民的分野』日本文教出版）

（2）単元目標

・身近で具体的な事例を通して，経済活動の意義が，人間の生活の維持・向上にあり，経済は生活のための手段であることを理解することができる。
・市場経済において個々人や企業は価格を考慮しつつ，何をどれだけ生産・消費するか選択すること，また，価格には，何をどれだけ生産・消費するかに関わって，人的・物質的資源を効率よく配分する働きがあることを理解することができる。

（3）教材観

　経済と言われれば「お金」くらいしか想像できないと思われる。この教材を取り扱うことによって，意外と経済というものが身近にあって，深く生活に関わっていることに気づき，そして今後大人になっていくにあたり，より一層身近で生活に重要な役割を示していることに気づかされる教材だと言える。

（4）生徒観

　授業態度は比較的良く，授業にも大変熱心に取り組む。男女仲が良く，一部の生徒は疑問があればすぐに質問してくれる。ただ，時々まわりの雰囲気に流されて私語が目立つ場面も見られる。

（5）指導観

　地域的には家庭環境はある程度恵まれている子どもたちが多く，生活自体に困難さを感じていない場合が多い。経済を生徒に身近に感じさせることができるのは，自分達の興味のある物の購入時に，金額が高い，安いという感覚からであろう。導入時に自分達が物品を購入して経験したお金の使い方から入り，家庭生活全般のお金の使用に目を向けさせ，経済を身近に考えさせるようにしたい。

（6）評価

①社会的事象への関心・意欲・態度

・個人の消費生活に対する関心を高め，それを意欲的に追及し，個人の消費生活について考えようとしている。

②社会的な思考・判断・表現

・なぜ市場経済という仕組みがあるか，どのような機能があるか，価格の働きについて，多面的・多角的に考察し，その過程や結果を表現している。

③資料活用の技能

・価格や消費生活に関わる様々な資料を収集し，有用な資料を適切に選択して，読み取ったり図表などにまとめたりしている。

④社会的事象についての知識・理解
・経済活動の意義について消費生活を中心に理解し，その知識を身につけている。
・価格の働きに着目し，市場経済の基本的な考え方について理解し，その知識を身につけている。

（7）指導計画（全4時間）
第1時　私たちの消費生活（本時）
第2時　家計の収入と支出
第3時　ものの流れとお金の流れ
第4時　市場のしくみと価格の決まり方

（8）本時の目標
・身近な消費生活を中心に，経済活動の意義を理解する（関心・意欲・態度）。
・消費の注意点や消費者を守る法律を通して，賢明な消費生活の在り方について考える（知識・理解）。

（9）ユニバーサルデザイン化の観点
視覚化　・目標や1時間の流れの提示。
　　　　・板書用の黒板と説明用の黒板と区別して提示する。
構造化　・教科書や資料集のページを提示。
　　　　・教科書を見ながら穴あきプリントに重要語句を記入し，意識化させる。
協働化　・特にグループ活動は取り組まないが，支援対象となる生徒の活躍場所を明確にすることで，学級内での学びへの参加意識を高め，その場で評価することで，自己達成感を高めるようにする。
　　　　・意見を明確にするために，追加・修正かを述べてから発言するように促す。

（10）支援を必要とする生徒
A：板書やプリントの記入時，教科書から資料集に移動するなどの場面転換の時は声かけが必要な場合があるので，個別の声かけをする。

B：授業中に自分が興味をもったこと（授業に関係のないこともある）について授業の流れに関係なく突発的に質問をする。その都度，場の雰囲気を和ませながら質問に答えて対応していく。

C：授業中はほとんどしゃべらない。困ったことが起こっても自分から言うことはない。板書の位置，教科書から資料集に場面転換の時は確認が必要な場合がある。板書が多い時はきちんと書けているか確認をする。

D：質問があれば自分からすすんですることができる。発言は多少ゆっくりなので，その場合はゆっくり丁寧に聞いて対応する。最後まで発言できた時は評価する。

(11) 準備物
・教科書　・ノート　・資料集　・ワークブック（社会4点セット）

(12) 本時の展開

段階	時間	学習内容	生徒の活動	指導の留意点	
				UD化の観点	個別支援
導入	5分	1　挨拶・出欠確認。		席にちゃんと座っているかを確認。姿勢の確認。	Bさんがマンガなどを描いていたら授業が始まったことを伝え，止めさせる。行動が変容すれば評価。
		2　前回の復習と今回の導入とのプリントを配布。	黒板に書かれた3つの質問についてその答えをプリントに記入。	持ち物点検をしながらプリントが書けているか確認。	持ち物点検をしながらプリントが書けているか確認。
展開	10分	3　プリントに書かれたことを紹介しながら，経済について考える。	板書された部分をプリントに記入する。	机間指導。板書用は黒板右半分で提示，説明用は左半分として使用。（視覚化・構造化）	板書した後，BさんとDさんがプリントを記入しているか個別の声かけをする。
	15分	4　財とサービスについて説明をし，生活に身近な例をいくつかあげ，指名したCさんに黒板にて分類してもらう。	当てられた生徒は黒板で財とサービスを分類する。他の生徒はその分類についてこれでいいかどうか意見を言い，身近な消費生活に関心・意欲・態度を見せる。	意見があるかどうか確認をする。Cさんの意見に対して追加・修正という観点で意見を述べ合う。（協働化）	Cさんの反応に注意をしておく。Bさんがやってみたいと言ってきたら「次にやってもらうね」と声かけをし，Bさんにもやってもらう。
	15分	5　主な悪徳商法の事例を紹介（マルチ商法・無料商法など）。	プリント記入や板書を写す。教科書p.123と資料集p.66を見る。消費の注意点についての知識を得て，理解する。	プリントについては重要語句の再確認をするために，教科書・資料集から各自で抜き出し，カッコに記入することで，意識化させる。（構造化）	Dさんが授業についていけているか確認する（教科書・資料集移動など）。Bさんの質問があれば答える。
		6　消費者を守る法律の紹介（クーリングオフ・PL法）。	プリント記入や板書を写す。教科書p.123と資料集p.67を見る。	プリントについては重要語句の再確認をするために，教科書・資料集から各自で抜き出し，	Dさんが授業についていけているか確認する（教科書・資料集移動など）。

			消費を守る法律についての知識を得て、理解する。	カッコに記入することで、意識化させる。（構造化）	Bさんの質問があれば答える。板書を結構したのでAさんのノートの進み具合を見る。
ま と め	5分	7 振り返り。 8 次時の予告。	プリント最後の振り返りに自分の初めて知った言葉や考えを書く。各自の家の家計簿をもとに消費を考えることを伝える。		

（構成＝米田和子）

中学校における数学は，国語科と同じく，小学校での基礎的な「計算する」,「図形」,「推論」という各領域が基礎となっている学習である。そのため，小学校での基礎的計算能力や図形認識能力及び国語科における文章読解力が備わっていることが不可欠である。
　中学校の数学になると，計算では負の量や文字式による方程式，表やグラフでは相関関係，図形では立体図形など生徒の日常的生活からかけ離れた学習内容となってくる。特に計算領域では，何度も計算を繰り返して，最終的な答えが出るというワーキングメモリーの働きが最も重要になってくる。ここでは，図形の面積の等積変形を視覚化・協働化の取り組みの中で理解できる支援を考え，授業を構成した。

5 数学科（2年：図形）

（1）単元名　　「三角形と四角形」（『新しい数学　2』東京書籍）

（2）単元目標

　三角形・四角形について見いだした性質を演繹的な推論によって考察し，論理的に表現する能力をいっそう伸ばすと共に，証明された図形の性質を他の図形の考察においても用いることができるようにする。

（3）教材観

　第2学年で学ぶ平面図形では，角の性質や合同を根拠とする論証を中心に扱う。これらの知識のほとんどは，小学校で既に学習してきている。平行四辺形についても平行四辺形に関する性質だけではなく，平行四辺形を等積変形することで面積を求めることも学習している。

　本単元は，「平行線についての性質」や「三角形の合同条件」を根拠にして，平行四辺形に関わる様々な性質を推論し，それらの性質が例外なく成り立つことを演繹的に証明しながら明らかにしていく。物事を論理的に考え，自分の考えを表現する力を高めることのできる単元でもある。

　教科書の扱いも，既習内容を否定したり，是正したりするのではなく，中学生の立場で余裕をもって見なおしながら，すでに知っている内容を題材にして，論証の仕方を学ぶことに主眼がおかれている。

（4）生徒観

　A・B各グループの生徒は，数学的なものの考え方・見方が苦手で，筋道を立てて物事を考えることに苦手意識をもっている生徒が多い。また，自分の考えに自信がもてず，思っていることを発表できない生徒が少なくない。その原因としては，既習事項の未定着や，そもそも学習習慣が身についていないことがあげられる。

（5）指導観

　本単元では，図形をよく観察したり，作図したりする操作や実験などを通して，その推論の

過程を自分の言葉で他者に伝わるようにわかりやすく表現できるようにさせたい。そこで、できるだけ図形に触れるような操作活動を取り入れるなど、まずは生徒の興味関心を高める手立てと思考の助けとなる配慮をしていきたい。

　本時は平行線の性質を利用し、四角形と同じ面積になる三角形を作図することを課題とする。平行線内の三角形は、底辺が等しければ形が違っても面積は等しくなる。このことを作図を通して理解を深めさせたい。そして、その性質の活用として、四角形と同じ面積の三角形を作図させる。

　課題解決のポイントは、平行線の性質を利用した等積変形の十分な理解と作図の方法にある。しかし、課題解決が1人では難しいと思われるので、グループワークを取り入れることで、異なる思考の共有化ができる学び合いの環境をつくり課題解決をさせていきたい。

(6) 評価
①関心・意欲・態度
- 面積の等しい三角形に関心をもち、具体的な図形について面積の関係を調べたり、面積の等しい図形に変形しようとしている。

②見方や考え方
- 面積が等しいことを根拠にして、図形の性質を証明することができる。
- 平行線の性質を利用して、等積変形する方法を考え、その方法を説明することができる。

③技能
- 平行線の性質を利用して、面積の等しい図形を見いだし、式で表すことができる。
- 平行線の性質を利用して、面積の等しい図形を描くことができる。

④知識・理解
- 底辺を共有し高さが等しい三角形の面積は等しいことを理解している。

(7) 指導計画（全18時間）
　　第1次　三角形　　　　　　　　　…7時間
　　第2次　平行四辺形
　　　　　①平行四辺形の性質　　　　…3時間
　　　　　②平行四辺形になるための条件　…3時間
　　　　　③特別な平行四辺形　　　　…2時間
　　　　　④平行線と面積　　　　　　…1時間（本時）
　　　　　⑤章の問題・まとめ　　　　…2時間

(8) 本時の目標
　平行線の性質を利用して、面積の等しい図形を見いだし描くことができる。

(9) ユニバーサルデザイン化の観点
　現在授業で行っている平面幾何については、ほとんどの生徒は視空間認知はできている。し

かし，イメージした図形を移動させた場合，移動後の図形と移動前の図形で対応する線分や角が違ったり，1つのことを考えると他のことを忘れたり考えられなくなったりする。また，イメージしながら長さや角度を考え計算するというように，物事を同時に考えることができない生徒が多い。これらは1回1回の授業を理解はできても記憶の仕方や容量によって忘れやすいという，ワーキングメモリーの弱さからきていると考えられる。したがって，課題すべてを1人で仕上げさせるのではなく，部分的なヒントで支援したり，既習事項を事前に確認・掲示しておくことなどが必要である。

|視覚化| ・授業の目標と流れを黒板に残しておく。
　　　　・同じ面積の三角形などの図形の色変える。
　　　　・フラッシュカードの活用。

|構造化| ・授業の目標と流れを提示。
　　　　・計算トレーニング。
　　　　・授業の流れをつくる《導入→本時の課題→（1人で取り組む）→ペアで確認→話し合い→自己修正→（小テスト）》。

|協働化| ・ペアワークの活用。
　　　　・話し合いによる思考の共有，プロセスの確認。

(10) 支援を必要とする生徒への配慮

　本時は課題別に2グループに分けて授業に取り組んでいる。Aグループはワーキングメモリーの弱さが疑われる生徒が多く所属するグループである。個別の支援という観点ではなく，グループ全体へユニバーサルデザインの視点で取り組むことで支援を考えたい。Bグループは応用力があるグループである。視覚化を減らすことで，自らイメージ化させたい。

(11) 準備物

・教科書　　・板書ノート　　・授業プリント　　・ホワイトボード　　・フラッシュカード

(12) 本時の展開（Aグループ）

	学習活動	指導上の留意点	UD化の観点	評価
導入	1　計算トレーニングを行う。	定着を図るための計算練習。	構造化。	
	2　本時の目標と流れの確認。	本時の目標と流れを確認させる。	目標と流れの視覚提示。	
	3　底辺が6，面積が12の三角形をつくる。	底辺が6，面積が12の三角形をつくらせるように発問する。		

	課題：底辺が6，面積が12の三角形をつくろう。 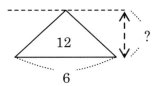			
		三角形の公式を確認させる。 例を１つ提示（例と同じ三角形は描かないよう伝える）。 わかっていない生徒には，「高さをいくつにすればよいか？」となげかける。 生徒がつくった三角形を黒板に貼り，違いを考えさせる。	公式の視覚提示。 各自にプリントを配布して，作図してから切り取らせる。 （視覚化） 同じ三角形は重ねることで同じとわかりやすくする。 （視覚化）	
展開	4　ワークシートに ・共通するところ ・違うところ 　を記入する。	ワークシートに共通するところと違うところを記入させる。 悩んでいる生徒にはホワイトボードを使い説明する。		共通するところ，違うところを探そうとしているか。 観点①（プリント点検）
	5　練習問題を解く。	三角形の底辺が同じで高さが等しいなら面積は等しくなることをホワイトボードを使い確認させる。		
	6　課題を把握し，解きかたの手順を確認する。		課題を図で提示。 （視覚化）	等積変形を利用して，面積の等しい図形を選ぶことができているか。 等積変形について理解しているか。 観点③（プリント点検）

等積変形を使って，四角形と同じ面積の三角形をつくろう。

	学習活動	指導上の留意点	UD化の観点	評価の観点
	①説明を聞く。	等積変形を使って四角形と面積の等しい三角形をつくる方法を説明する。 ①対角線ACを1本ひく。 ②BAの延長線をひく。 ③頂点Dを通り，ACに平行な直線ℓをひき，辺BAの延長との交点をEとする。 ④点AとEを結び，△ACEをつくる。		等積変形する方法を考えているか。 観点②（発表） 等積変形をした図形が描けているか。 観点③（プリント点検）
	②1人で練習問題を解く。 ③ペアで問題をつくり出し合う。	わからない生徒にはもう一度手順を説明する。	できたら隣の生徒と意見を交換させる。 （協働化）	
まとめ	7 本時の振り返りをする。	等積変形が理解できたか確認する。		

(13) 本時の展開（Bグループ）

	学習活動	指導上の留意点	UD化の観点	評価の観点
導入	1 計算トレーニングを行う。	毎回行う，トレーニングにより授業への集中度を高める。	パターン化によって定着を図る。 （構造化）	
	2 本時の目標と流れを確認する。	目標「等積変形について理解し，使えるようにしよう」	目標と1時間の流れを視覚提示する。 （視覚化）	

	3　三つの三角形で，違うこと・同じことを考える。	高さが違うと考えている生徒には，高さについて確認するよう助言する。	視覚的にわかりやすくするため，図形の色や形，ワークシートなど，生徒のものと掲示するものを合わせる。（視覚化）三角形の公式提示。	違うこと・同じことを探そうとしているか。観点①（プリント点検）等積変形について理解しているか。観点④（プリント点検）
	4　三角形の底辺が等しく高さも等しい場合，面積は等しくなることを確認する。	面積が等しくなる根拠は，三角形の面積の公式を基にしていることに気づかせる。△ＡＢＣは面積を表すことを教える。等積変形という用語を説明する。	より一層，等積変形がイメージしやすいよう，動きのある教具で示す。	
	5　練習問題を解く。	教師にまるをつけてもらった生徒は，他の生徒へのまるつけや，悩んでいる生徒へのアドバイスをするよう指示する。		等積変形を利用して，面積の等しい図形を選ぶことができているか。観点③（プリント点検）
展開	6　課題を確認し，グループで取り組む。	イメージしやすい教具を準備し，それを使って考えさせる。	課題を視覚提示。	

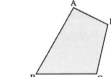
四角形ＡＢＣＤの面積の大きさが変わらないまま，形を四角形ＡＢＣＤから三角形ＡＢＥとなるようにしたい。点Ｅはどこにとればよいでしょうか。

		求めるための手順を記入するよう指示する。考えが進まない状況であれば助言する。・四角形ＡＢＣＤを三角形ＡＣＢとＡＣＤに分ける。・三角形ＡＣＤを等積変形する。	手順がわかりにくい生徒には視覚提示。	等積変形する方法を説明することができているか。観点②（机間巡視）等積変形をした図形が描けているか。観点③（プリント点検）

	7　できたグループは他のグループへアドバイスする。	できたグループは教師が確認し，誰もが別のグループで説明できるようにしておくよう指示する。 一人ずつ別のグループへアドバイスするよう指示する。	協働化。
	8　練習問題を解く。	悩んでいる生徒には，先程の課題の手順を振り返るよう助言する。	
ま と め	9　本時の振り返りをする。	展開の後半でなく，前半の内容が本時の目標であることを確認させる。	

図3　作図側

図4　等積変形を視覚化

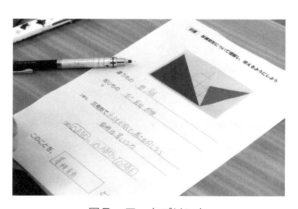

図5　ワークプリント

（構成＝米田和子）

> 　中学校において，主要5教科は誰しも入試に結びつく重要な教科として捉えているが，芸術や体育などの4教科については内申点としての重要性は感じているものの，選択性ともなると学習の息ぬき教科のように捉えている生徒もいる。だからこそ，1時間の授業内容が興味関心の高いものとならなければならない。
> 　音楽科は特に，小学生時代から楽器を習っている生徒とそうでない生徒の演奏技術に差が出てくるものである。しかしながら，演奏技術についても，誰もが理解しやすい演奏方法の提示などがあれば，興味関心が高まる。ユニバーサルデザインの観点を取り入れて，誰しもがわかりやすい演奏技術の習得を目指した授業を構成した。

6　音楽科（2年：表現・器楽）

（1）単元名　「箏の特徴をとらえ，箏曲のよさを味わいながら鑑賞や演奏をしよう（さくらさくら）」（『中学生の器楽』教育芸術社）

（2）単元目標

　和楽器「箏」の音色を聞き，日本固有の情景をイメージすると共に，箏の演奏方法を知り，和楽器に対する興味関心をもつ。

（3）教材観

　「中学校学習指導要領」には，我が国の伝統的な音楽の文化の良さに気づき，尊重しようとする態度を育成するために，平成14年度から，3年間を通じて1種類以上の和楽器を用いるようにと示されている。

　箏は，音を出すには容易であり，様々な奏法の工夫によって，豊かな表現がしやすいという特徴がある。その音色や平調子の音階は，日本的な情景と結びつけやすく，日本の伝統音楽に触れる上で，導入しやすい楽器と言える。

　また2年生では長唄「勧進帳」も学習しており，正座をし，姿勢を正し，礼儀作法を重んじるという点で，箏の学習と共通している。演奏法を修得させるだけでなく，これら日本特有の文化を学習させるために，「箏を教える」ではなく「箏で教える」という観点をもって，本題材を設定した。

（4）生徒観

　本学級の生徒は，日々の生活や行事を経験する中で，互いに協力し，自他を認識し合い，学級としてまとまりができてきている。反面，クラスを引っ張るリーダー役の生徒と，その他の生徒との間に温度差ができていることもある。教師の指示を素直に聞き，行動できる生徒が多い一方で，自ら積極的に考え，動くことができなかったり，自分の思っていることを上手く言語化し，相手に伝えられなかったりするところが課題である。

（5）指導観
- ICT機器を活用し，構え方や奏法などを，しっかりと確認しながら学習を進めたい。
- 個別に指導したり，ペアで互いにアドバイスをし合ったりして，基礎的な箏の技能を身につけさせたい。
- 箏の演奏を通して，日本人が大切にしてきた伝統文化を尊重する心を育ませたい。

（6）評価

①音楽への関心・意欲・態度
- 箏の音色や奏法に関心をもち，基礎的な奏法で演奏する学習に主体的に取り組もうとする。

②音楽表現の創意工夫
- 箏の音色，平調子による旋律，構成を知覚し，それらの働きが生み出す特質や雰囲気を感受している。
- 知覚・感受しながら，箏の音色や奏法，平調子による旋律，構成などの特徴を感じ取って音楽表現を工夫している。

③音楽表現の技能
- 箏の特徴を捉えた音楽表現をするために必要な箏の基礎的な奏法，読譜の仕方などの技能を身につけて演奏している。

（7）指導計画（全5時間）

時間	主な学習活動	支援の留意点
第1時	・伝統音楽について。 ・箏の歴史，各部分の名称，構造，流派について。 ・爪のつけ方。	視聴覚機器（DVD）を活用し，映像と実物との確認をする。
第2時	・箏の楽譜について。 ・唱歌，弦名練習。	視聴覚機器（LD）を活用し，その解説を聞く。
第3時	・「さくらさくら」を演奏する。 ・唱歌で，音の長さを感覚的に覚える。	ペアで唱歌を歌い，互いの速度を合わせる。
第4時	・箏のいろいろな奏法を学ぶ。 ・「さくらさくら」の二重奏に挑戦する。	視聴覚機器（CD）を活用し，完成された演奏のイメージをもつ。
第5時 （本時）	・「さくらさくら」の二重奏を演奏する。 ・演奏の重要ポイントのまとめをする。	ペアでアドバイスをし合う。 視聴覚機器（実物投影機，DVD等）を活用し，演奏のポイントを再確認し完成に近づける。

（8）本時の目標
　前時で身につけた箏の技能を定着させるために，ペア学習を中心として，互いの奏法を確認する。またDVDや実物投影機等を使用することで，聴覚的にも視覚的にも，正しいイメージ

をもたせる。

(9) ユニバーサルデザイン化の観点

| 視覚化 | ・箏の部位の名称や演奏方法を実物映写機を使用しながら，視覚的に捉えることができるようにする。
・演奏時の姿勢によって音の音色が変化することを知り，より美しい音色を出すための工夫をする。 |

| 構造化 | ・授業の流れを提示する。
・姿勢→爪の立て方→弦の押さえ方→音の出方に焦点を移しながら，弾くことができるようにする。 |

| 協働化 | ・2人組でお互いの演奏を評価し合う。 |

| 環境整備 | ・演奏などの活動が多くなるので，生徒の移動を減らす工夫（グループごとの爪置き台，チェック表のグループごとのバインダー，掲示物の精選など）。 |

(10) 支援を必要とする生徒への配慮

AとB：通級指導を受けている。新しい語句などの理解が難しく，学習内容の定着に時間がかかる。音楽的な専門用語は視覚化したり，色を変えて提示してわかりやすくする。

C：対人コミュニケーションがやや苦手で，新しい場面や学習に対して不安感が強い。机間巡視で個別に声かけをし，演奏の手本になることで自信をもたせる。

(11) 準備物

- ・箏（18面）　・譜面台　・中学生の器楽（教科書）　・学習プリント
- ・バインダー　・実物投影機　・プロジェクター　・カード　・タイマー
- ・DVD　・爪立て　等

(12) 本時の展開

	学習活動	指導上の留意点	UD化の観点	教材・教具・ICT
導入	1　正座でのあいさつ。
2　箏の歴史，構造，名称等についての復習をする。	礼儀作法を意識させる。
既習事項を確認させる。
重要語句を色分けすることによりわかりやすくする。	ルールの明確化。
時間の構造化。
スパイラル化。
視覚化。	授業の流れカード。
箏（実物）。
箏の拡大写真とカード。
	3　「さくらさくら」の二重奏の参考演奏を聴く。	速度，音色に注意させながら聴かせる。
目を閉じさせて音に集中させる。	視覚刺激を排除する。	CD。
	4　演奏練習をする。
・ペアで練習。	お互いに，相手の弦名	姿勢などを観点表をもとにチェックし合う。	タイマー。

展開	・パート別演奏。 ・合奏。	を伝えさせる。 それぞれの面を巡回する。 テンポを示し，ペアの一方に拍をとらせる。	（協働化） 個：机間巡視でできていることを承認する。 （A・B） 練習時間をタイマーで提示。 （構造化） ルールの明確化。	
	5 解説DVDを見る。	解説ごとに，ポイントを伝える。		DVD。
	6 教師の奏法を実物投影機で確認する。	ポイントを押さえながら，生徒にも同じように演奏させる。	手元を実写して見せることで，奏法をわかりやすくする。 （視覚化）	実物投影機。
	7 奏法に注意して，パートごとに演奏しチェック表を記入する。	それぞれの面を巡回する。	ペアで箏の音色を聞き合い，チェック表をつけて相互評価する。 （協働化） 個：Cに演奏見本を依頼する。	チェック表。
	8 一部の生徒で演奏を聞い合う。	巡回時に良いところを伝え，発表を促しておく。		
	9 重要ポイントを確認する。	ホワイトボードにカードを提示し，学習プリントに記入させる。	視覚化。 焦点化。 スモールステップ化。 展開の構造化。	カード・バインダー。 学習プリント。
まとめ	10 合奏。	重要ポイントを意識させながら演奏させる。		
	11 振り返り。	感想を発表させる。		

図6　弦の押さえ方を拡大掲示

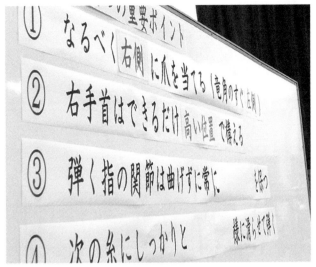

図7　要点の視覚化

図8　相互評価ワークシート

図9　爪　おき台

(13) 考察

　この音楽の授業では，「参加⇒理解習得」をテーマにして授業づくりを進めた。箏を使った授業であるが，ただうまく演奏することだけを目的とするのではなく，うまく演奏するまでの，学習のルールを身につけ，基礎知識を定着させていく中で，最終的に演奏することの大切さや，演奏の楽しさを学び，味わわせたいと考えてきた。この授業の研究にあたって，音楽科が中心となって指導内容を決定していったが，生徒達の実態把握や，学習環境の整備に関しては，様々な教科の教師が一緒になって取り組んできた（今回は，国語・社会・数学・家庭科）。どうしてもそれぞれの立場からの考えになってしまうところではあるが，他教科での生徒の実態や環境の作り方などのアイデアを共有して実践することで，より内容の深まる授業になった。一緒に授業づくりに取り組んだことで，音楽科以外の教師も多くのことを学ぶことができ，今後の自身の授業にも多く活用することができた。中学校では，なかなか教科を越えて研究を進めることは難しいように思えたが，実際に行ってみると，たくさんの発見があり，研究の意義

を感じることができた。

授業内容においては，山場をまず決め，その山場にむけてどのように仕掛けていくかを考えた。まずは，箏の各部分の名前や姿勢の取り方などを必ず授業の最初か最後に下記のようなチェックシートを使って確認（スパイラル化）し，学習の定着をはかってきた。また，ペア学習を取り入れることで，お互いに学び合い，またうまくできているところ，苦手としているところを，チェックシートを使うことで確認ができた。言葉でうまく伝えられない場合でもチェックシートを活用しながらペアで伝え合う学習も充実してきた。また少人数の活動の中から「わからない」と言える関係もできてくる。

学習プリント

お箏で「さくらさくら」

2年　組　番 名前

弾く際の重要ポイント

①	なるべく［　　］に爪を当てる　（竜角のすぐ［　　］）
②	右手首はできるだけ［　　］で構える
③	弾く指の関節は曲げずに常に［　　］を保つ
④	次の糸にしっかりと［　　］様に滑らせて弾く

【自己評価】

～箏の授業を振り返って～

☆　A=そう思う　B=あまり思わない　C=全く思わない

	項目	評価
①	箏の基本奏法ができるようになりましたか。	
②	箏の特殊奏法ができるようになりましたか。	
③	箏の音色に興味を持ちましたか。	
④	箏曲を通して伝統音楽に親しむことができましたか。	
⑤	邦楽と西洋音楽の違いを感じることができましたか。	
⑥	今後も機会があれば和楽器を演奏したいと思いますか。	

お箏で「さくらさくら」
♪演奏チェック表♪

相手の演奏を、A～Cでチェックしてみよう。
☆A＝できている　B=もう少し努力が必要　C=できていない

座り方

	チェック項目	評価
1	箏に対して左斜めに座れている（生田流の座り方）	
2	楽器に右ひざが触れるように詰めて座れている	
3	背筋を伸ばし姿勢よく構えている（向こう糸の時に背筋が曲がらない）	

演奏法

	チェック項目	評価
1	糸を弾く位置（弦名のすぐ上あたり）が正しい	
2	右手の形（卵が入る形）が安定していて、左手が箏に添えられている	
3	指が曲がらずに弾けている	
4	糸に滑らせて弾けている	

図10　学習プリント

（構成＝米田和子）

7 美術科（1年：デッサン）

（1）単元名　「鉛筆デッサン」

（2）単元目標

　手のデッサンを通して，対象物を見つめ，感じ取った形を素直に表現できる。

（3）教材観

　手は身近で常時目にしているので，形などはじっくりと見なくても描けるものだと生徒は感じているかも知れない。しかし，手を構成しているものは骨や爪や皮膚，血管など様々な物の集合体である。デッサンは対象物をじっくりと見つめ，骨格や皮膚やシワ等一つひとつのものを緻密に描写することにより，対象の美しさが浮かび上がってくるのである。生徒たちは「じっくり見る」という表現だけでは，どこに視点を当てれば良いかが理解できにくい。デッサンの視点として，骨格や関節を意識させてから輪郭を仕上げる方法を提示することで，対象物を見つめさせたい。

（4）生徒観

　授業は比較的落ち着いており，班やペアでの声かけもあり，全員が前向きに取り組むことができている。だが，制作の途中段階でちょっとした失敗から諦めてしまったり，丁寧さ・完成度を求めるより，すぐ制作を終わらせようとする生徒もいる。作品を仕上げるためには，どのような手順で作業を進めるのかがスモールステップで提示されることで，見通しをもって最後まで集中して取り組めるのではないかと考える。

（5）指導観

　本時の流れを提示する際，言葉による説明だけではイメージしにくいので，デッサンの仕方をDVDで見せることによって，活動が具体的に理解できると考える。

（6）評価

①関心・意欲・態度
・楽しく美術の活動に取り組み美術を愛好する心情を培い，心豊かな生活を想像していく意欲と態度が育っているか。

②発想や構想の能力，創造的な技能
・対象を見つめ感じ取る想像力を高め，豊かに発想し構想する能力や形や色彩などによる表現の技能を身につけているか。
・意図に応じて創意工夫し，美しく表現する能力が育っているか。

③美術作品などのよさや美しさを感じ取り味わう鑑賞
・友達の作品を鑑賞し合うことで，友達の作品のよさや美しさなど味わえているか。

（7）指導計画（全6時間）

　第1時　手の形を知る・描く（本時）

第2時　鉛筆の持ち方・使い方，陰影（強弱）のつけ方
第3時　自分の手の形を描く
第4時　影を描きこんでいく
第5時　作品観賞会
第6時　作品発表・まとめ

（8）本時の目標
・手のデッサンを通して，対象物を見つめ，感じ取る力をつける。
・手の形を正確に捉える。
・自分の手を見ながら平面に形を描くことができる。

（9）ユニバーサルデザイン化の観点
視覚化　・授業の目標を提示する。
　　　　・デッサンの仕方をDVDで示し，流れをイメージさせる。
　　　　・グループごとに手順がわかる写真を提示する。

構造化　・授業の取り組みの流れを提示する。
　　　　・活動の流れをDVDで見せる。
　　　　・活動の流れを書いたプリントを配布する。

協働化　・手を観察して気づいたことを話し合い，対象物を見つめる観点を共有する。
　　　　・できた作品を鑑賞し合い，良さを伝え合う。

（10）支援を必要とする生徒への配慮
　Aは普段より自傷行為が目立つ。主に授業の課題から逃避する時や，自分の世界に入り込む時に見られる。美術の授業では，力任せに道具を使うなど，丁寧に制作し続けることが難しい。道具の使い方などをDVDで視覚提示して，力加減を視覚で捉えさせる。

（11）準備物
・鉛筆　・ワークシート　・画用紙　・水性ペン　・ラベルシール（マル型）

（12）本時の展開

	学習活動	指導上の留意点	UD化の観点
導入 （5分）	1　本時の流れを提示。 2　デッサンの仕方をDVDで見る。 3　自分の手をしっかり観察する。 （発問：どこで指が曲がり，骨がどんなふうに通っているのか）	水分量の違いを気づかせる。 生徒の様子に応じて速やかに活動に入る。	視覚化。 構造化。

	4 シールを関節に貼り，骨の通っているところに水性ペンで線を引く。		グループごとにも実際の様子の写真を置く。（視覚化）
班活動 （10分）	5 自分の手を観察して気がついたことをワークシートに書き込み，班で交流。 ＊お互いの気づきを聴き合えるように。	必要であれば机間指導をする。 書画カメラを用意しておき，生徒から質問があれば全体交流する。 （場合によって全体に戻す）	協働化。 視覚化。
聴く時間 （5分）	6 手の輪郭を描く前の注意事項を聴く。 ・プリントをもらう。	しっかりと聴く姿勢をつくる。	
班活動 （20分）	7 観察・班での交流で気がついたことをもとに，自分の手の輪郭を描く。 8 関節に貼ったシールや，手に描いた線を参考に描く。	よく描けている生徒の作品を紹介する。	 プリントによる視覚化。
交流 （5分）	9 グループで作品を見せ合い，良さを伝え合う。 ・制作の進んだ生徒の作品を紹介する。 ・班でお互いの作品のいいところ，工夫できることを交流。	工夫した点を取り上げ，全体で交流する。 付箋の配布。	協働化。
振り返り まとめ （5分）	・プリント回収。 ・ファイル記入。	ファイル記入。	

(13) 授業の中での工夫

①毎回『授業テーマ，活動内様や流れ』を明確に示す。　②動画による活動方法の説明。

図11　目標　流れの掲示

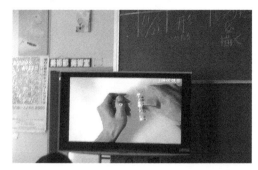

図12　ビデオによる視覚化

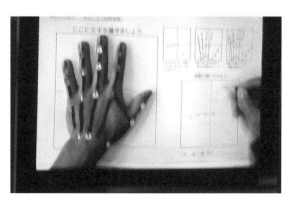

図13　ビデオによる視覚化

図14　グループごとの視覚化

（構成＝米田和子）

8 外国語科（英語）

(1) はじめに

　ベネッセの調査によると，全国の公立中学校の2年生のうち，6割以上の生徒が英語を苦手と感じているという。その理由として，「文法が難しい」，「テストで点が取れない」，「英語を書くのが難しい」と答えた生徒がそれぞれ7割を超えている。「英語は暗記教科だ」，「単語は何回も見て形で覚える」，「教科書の本文の1文1文を文法解釈して和訳するのが英語だ」という従来の学習方法から大きく発想の転換をしないと，誰もが参加できる英語学習の道は開かれない。

　英語が「ことば」，「コミュニケーションの手段」である以上，誰だって参加できないはずはない。「音読できない」ことからつまずき，スタート地点にも立てないまま諦めている生徒たちのために，初期の英語指導を丁寧に行うための具体的な支援について提案したい。

(2) 入門期のどこでつまずくのか

	学習内容	支援のポイント
Stage 1 「聞く」「話す」 導入期。	英語の音を楽しむ。 英語の歌，チャンツなど。 あいさつ，決まり文句。 「音」と「意味」をつなぐ。 文脈の中での英語の使用。	日本語にはない英語特有の音，リズム，アクセント，イントネーションについて，★1<u>たっぷり聞いてたっぷり真似て感覚でつかむ。</u> 場面や文脈を利用して，聞き，話す体験。
Stage 2 文字の導入。	アルファベット学習。 ローマ字の復習（教科書本文にも何度も出てくる）。 「音」と「文字」をつなぐ。 「意味」と「文字」をつなぐ。	英語とローマ字読み（日本語）の違い。ローマ字の基本ルールの再確認。 ★2<u>フォニックスの利用。大切なのはルールの暗記ではなく，音韻的な気づきと音の操作に慣れること。</u>
Stage 3 文章の導入。	英文のルール。 語順が違う，文頭大文字，文末ピリオド，単語と単語は少し離す，4線ノートに書く。	正しく書けているか自己チェックは難しいので，★3<u>最初はこまめに添削をする。</u>「正しい英文を丁寧に書く」が最初の目標。たくさん書くのは次のステップ。
Stage 4 英語を書く。	教科書を写す，黒板を写す，見本を見ずに書く，一定時間に書く，くり返し何回も書く。	★4<u>英語を書かせる前に十分に発音させておく。</u>（読めない単語を書かせない） 書く回数は段階別に。全員が同じ回数でなくてもよい。
Stage 5 教科書を使った 学習。	文法の導入。 教科書の本文の和訳。 増え続ける単語。	学習内容を絞る。文法説明は短く。 全文和訳ではなく，★5<u>センスグループごとに前から意味をとる。</u> ★6<u>覚えるために多感覚を使う。</u>★7<u>フォニックス</u>

第2章　ユニバーサルデザインと合理的配慮の視点でつくる授業　97

		やライムを意識させる。
Stage 6 英語でのコミュニケーション。	英会話，ペアーワーク。スピーチ，ディスカッション。自由英作文。	形にこだわらず，伝えたいという心を育てる，結果をあせらない。これらの活動は★8みんなが安心して参加できる授業づくりの上に成り立つものと捉える。

　上の表は，英語学習の流れを小学校英語と中学校英語のつなぎの部分を中心に表したものである。それぞれの段階での支援ポイントも合わせてご覧いただきたい。

(3) 支援のポイント

①「聞く・話す」

　外国人の先生との授業はもちろん，英語の歌，チャンツ，早口言葉，感情をこめて音読する表現読みなどいろいろやってみよう。意味がわからなくても自然と口ずさめるフレーズをたくさんインプットしておくと，後で文字とつながり「底力」となる。小学校の先生は「発音」が苦手な場合が多いことを考えると，「聞く」「話す」は小学校でやってきているからと，気楽にここを飛ばしてはいけない。

②「発音・スペル」

　フォニックスとは，英語の発音とつづり字の関係性のルールで，英語圏の子どもたちが読み書きを覚える時に広く使われている。アルファベットには「名前」とは別に「音」がある。その一つひとつの「音」が組み合わさって単語となっている。そのことへの気づきと，音韻操作（音の足し算，引き算）に慣れることが，単語を覚えたり書いたりする力につながる。

　　（例）　s + eat = seat（音の足し算）　　　　part − p = art（音の引き算）

　全部やらなくても，1文字1音，マジックE（nameのように，最後にeがくる形の単語では，a, i, u, e, oは，アルファベット読み〈エイ，アイ，ユー，イー，オウ〉で発音し，最後のeは発音しない。この語尾のeのことをマジックe〈サイレントe〉という），2文字子音（ch, sh, thなど）までを学習すれば単語の読み書きはぐっと楽になる。ただし，中学1年の最初にルールを教えるだけでなく，日々の授業の中で，新出単語に関連付けて何度も使うことで定着させていくことが必要だ。フォニックスに関しては，市販のCDやDVD，YouTubeの音声付画像，iPadのアプリなどよい教材がいくらでも手に入る。

③「書く」

　英文のルールの「説明を聞いた」と「正確に書ける」は別問題である。「単語と単語の間を少し離す」，「fは4線の一番上の線に接するように」など，本人はできているつもりなので自己修正は難しい。何回も書かせる前にこまめに机間巡視をして添削しておこう。「正しい英語をゆっくり丁寧に書く」ことを第一目標とする。生徒によっては黒板を見ながらではなく，見本を手元に置いたり，幅の広い10段のノートを使うことも支援になる（ふつうは13段か15段）。

④「音読できる」→「意味がわかる」→「書く」

　読めない英語を目で見て形として覚えてノートに書くのは負担が大きすぎるし，とても時間がかかる。この苦しさが英語をあきらめる大きな要因となる。書くことの負担を考えて，板書の量を少なくする，説明を聞く時間と書く時間に分ける，苦手な生徒への課題の量を減らすなどの配慮は必要である。

⑤「内容読解」

　１文１文，文法解釈して日本語に訳すことを授業の中心に据えないこと。英語と日本語は１対１で対応しているわけではない。英文は，センスグループごとに意味をとり，例のように，前から訳していくことができれば十分であると考える。それをきれいな日本語文で訳すのは別の力なので，そこまで全員に対して求めない。

　例）I watched　　／　　a soccer game　　／　　on TV　　／　　last night.
　　　（私は見た）　　（サッカーの試合を）　　（テレビで）　　（昨夜）

⑥「記憶定着」

　何回も見て形で覚えたり，黙々と書いて覚えたりするような暗記に頼る方法ではなく，「見る→聞く→発音→書く」などのいろいろな活動を組み合わせること（多感覚指導法）が重要である。また，知っているカタカナ英語や教科書の背景知識と関連させて意味からのアプローチも同時に行うと記憶に残りやすくなる。「一般動詞」「形容詞」など品詞ごとのグループにしてまとめて取り扱うことなども語彙を定着するための一つの助けになる。その学期に習う新出単語は前もってチェックしておき，日ごろから例文や日常会話の中で計画的に導入していくと良い。

⑦「単語」

　聞いた通りに真似て発音する練習と合わせて，「this は th（ズ）i（イ）s（ス）」と単語カードを見せながら，音を分解して発音させてみる方法（フォニックス）や，t + ake = take，m + ake = make などのライム（注）を意識した単語指導も有効である。各文字やライムがどんな音と対応するかがわかり，練習によりその想起がスムーズにいくようになると，それが単語を覚える力，書く力にもつながる。リヴォルヴ学校教育研究所の英単語カレンダー，回転式単語カードなどを使うと，そのことを視覚でも理解することができる。

〈リヴォルヴ学校教育研究所　http://rise.gr.jp/〉

(注) ライムとは，単語の母音と語尾子音を合わせた言語単位であり，通常３～４文字で一定の発音をする。これを用いると，フォニックスよりも大きなまとまりで単語を読むことができるので，読みの流暢性につながる。（例）mine　line　shine　wine

⑧コミュニケーションへの意欲

　授業の中ではみんなが同じやり方で同じことをしなければならないという発想を転換して，段階別ゴール設定を考えてみる。課題の量や難易度などいろいろな幅をもたせて選択できるようにするとよい。全員への課題は基本ルールのみでできるプリントとし，できた人が次の課題に進めるようにする，プリントには問題A（基本）と問題B（発展）をのせて自分で選択させる，プリントの裏にヒントを印刷しておくなどの支援も考えられる。英語が苦手な生徒に対しても「できた！」，「わかった！」という課題を提供するという視点を忘れてはならない。「わかった！」という気持ちの積み重ねが，結果的にはコミュニケーションへの意欲につながる。

（4）授業展開の一例

	学習活動	指導上の留意点	UD化の観点・個別支援
T	Greeting.	あいさつだけでなく，毎回，短い会話をして英語でのコミュニケーションの場とする。	毎時間，Greetingの後に宿題点検。（構造化）
T	OK, I will check your homework. 宿題点検は速やかに行い（2～3分）その間単語の復習をしながら静かに待つ。		指示しなくても全員が単語練習をしたページを開いて待っている。（構造化）
		机間巡視して，単語練習ができていれば，ハンコを押す。このハンコの数は後日ノート提出の時の平常点となる。	宿題を忘れた生徒や逆によくがんばっている生徒に個別の声かけができる。（個別支援）
T	Now, let's begin today's lesson. Look at this. This is a picture of Japanese breakfast. （和食の朝食の写真を黒板に貼る）Pictureとはどういう意味ですか，S1？	教科書ノートは閉じて，前に集中して英語を聞く。下線部の単語は未習語だが，日ごろの授業やGreetingの部分で計画的に取り上げておき，聞いて意味がわかるくらいの単語を増やしておくと英語での導入がスムーズに理解できる。	いつもの授業の流れを確立する。（構造化）
S1	写真です。		写真を指さしながらpictureが「写真」であるということをイメージづける。（視覚化）
T	そうです，絵や写真のことですね。		

T S全員 T S全員 T S2の列	Repeat after me. "picture" picture pictureの最初の音"p"の音はうまくでましたか？ プッと息を吐く音ですよ。この列，pの音を出してください。 （一人ずつ個別に発音する） では，もう一度，pに気をつけて。 Repeat, "picture" picture この列，一人ずつ言ってみましょう。 （一人ずつ個別に発音する） （breakfastも同様に確認する）	つづりは見せずに，音だけに集中させる。フォニックスの知識を常に意識させ，基本の音の定着をはかる。pの単音，単語の中のpなど何度も聞かせたり，発音させたりする。 pの音に注意して発音する。	友達の発音を聞いたり，自分で発音したりする機会をどんどん増やすことで生徒が意識して正しい音を出すようになる（声の大きさ，息の量など）。うまく発音できている生徒をほめる。 （共有化）
T	Let's talk about our breakfast. （黒板に I have ___ .と書く） I have <u>toast and a cup of coffee</u> for breakfast every morning. （と言いながら黒板の___にトーストとコーヒーの絵を貼る） ___の中を適当に交換して生徒に表現させる。（図15と図16） 図15　　　　図16 ごはんみそ汁　　トーストコーヒー	サンドイッチ，ヨーグルトなどカタカナ英語の発音が定着しているものは，本当の英語の発音を聞かせて，リピートさせる。 ここでも，つづりは示さない。 上記の練習をしながら，___に自分の食べているものを入れて答えられるように心の準備をさせる。	例にあげた食べ物の写真をいくつか提示して黒板に貼り，イメージをもたせる。 （視覚化）
T S3 T S4 T	では，自分の朝ごはんのことを考えて答えてください。 What do you have for breakfast, S3? I have Salad. Only salad? <u>Really?</u> 本当？ You have only salad? <u>How about you, S4?</u> あなたはどうですか？ I have rice and natto. Oh, I <u>love</u> natto, too.	Really? How about you? I love～．などの本時の表現も自然な形で会話の中に入れ込み意味を確認させる。これは必ずしも今回の授業で導入するのでなく，むしろもっと以前の授業の中で使っておき，聞き慣れているのが望ましい。	

T	朝ご飯，普段はパンだけど今日はご飯だったとかありますよね。 「普段は」という時は usually をここに入れることを指示。 usually をコーラス，列ごと，個別で発音させる。 (Sometimes も同様に練習)	黒板の I have の I と have の間に usually のカードを貼る。 I usually have toast. I usually have natto. などリピートさせて口頭でも練習しておく。	カードを貼ることで，usually を入れる位置を視覚化。(図17)  図17
T S全員	Now I will explain today's expression. 適宜質問に答えたり，リピートしたりしながら，前に集中して説明を聞く。(書くのは後)	本日の表現，文法についての説明をする。 生徒との Q＆A を交えながら，文法説明は要点のみとし5〜10分以内とする。説明しながら板書を整える。	

- この後にフラッシュカードを利用して，新出単語のつづりを見ながら発音し，意味を確認する。ここまでの活動の中で，すべての単語を口頭で導入し何度も聞いたり発音したりしているので，すでに意味と結びついている場合が多く，生徒の負担感は少ないので，さっと済ませることができる。
- 最後にノートを開かせ，黒板を写す時間をとる。聞く時間と書く時間にわけている。教室は静かになり，全員がノートに書く作業をしている。前半のオーラルの部分とのメリハリで集中力が高まる。黒板を写し終わった生徒は，「習った新出単語を書き出し，意味を書き，3回練習する」といういつもの宿題をする。これが時間調整の役割を果たし，書くのが遅い生徒にも黒板を写し終わる時間を確保することができる。
- 本文の和訳については，センスグループごとに意味をとっていくよう，プリントを配布し次時に確認はするが，本日の表現の理解，定着を第一とし，和訳活動にあまり重点を置きすぎないようにしている。

（5）個別の支援として

①「できる課題」，「できる量」についての配慮

　問題集，宿題，自習課題などをさせる時には，「この課題が一人でできるのか」「いつ，どこで，どのくらい量を軽減するのか」などの細やかな配慮が必要である。問題プリントが難しくてできない生徒には，単語練習プリントも同時に渡し，どちらをやってもいいようにするとか，「教科書〇ページの表を見たらできるよ」と個別の声かけをするなど具体的な支援が必要だ。教科書準拠の問題集は彼らには難しく，問題文の意味が読み取れていなかったり，最初の単語の意味がわからず前に進めなかったり，思わぬところでつまずいている。横について音読してあげれば，口頭なら答えられる場合もある。「英語がわからない」とひとくくりにせず，机間

巡視などをして，一人ひとりを丁寧に見ていくことが大切である。

②継次処理と同時処理のバランスをとる

　従来の英語学習は，文法や和訳中心の分析学習，つまり継次処理が中心だった。しかし，英語につまずいている生徒たちのために同時処理的なアプローチを意識的に取り入れるとよい。全部がわからなくても文脈や場面などの他の情報を利用しながら必要な内容を聞きとったり，イラストやジェスチャーなどの視覚情報，アクセントやイントネーション，表情などを利用して推測したり，覚えた英語を実際に使ってみるような活動である。授業の中にこのような「まるごとの言語体験」をバランスよく組み込んでいくことが，「英語学習の楽しさ」や，「使える英語」につながっていくことを忘れずにいたい。

（6）教材の例

主語・動詞の文の骨組みを理解させるために

主語	動詞	
I	am	Tanaka kumi.
I	am	from America.
I	am	your teacher.
You	are	my friend.
You	are	from China.
This	is	Hanako's house.
This	is	an old book.
That	is	your bag.
It	is	an apple.
It	is	a big country.

主語	動詞	
I	have	a soccer ball.
You	have	a tennis racket.
I	like	Math.
You	like	Science.
I	play	basketball.
You	play	baseball.
I	speak	English.
You	speak	Japanese.
I	want	a computer.
You	want	a new bike.

図18　英語の語順プリント

上は英語の語順を視覚的に提示したプリント。

下は教科書の新出単語の中から，フォニックスの1文字1音ルールだけで発音できる単語を集めたプリント。

フォニックスの基本ルール　1音1文字の音の足し算　で読める単語です。
何回も繰り返し音読して練習しましょう。

1. get
2. long
3. just
4. soft
5. window
6. stand
7. join
8. protest
9. hundred
10. must
11. plan
12. spend
13. subject
14. sport
15. problem
16. sad
17. buy
18. important
19. bank
20. plant
21. spring
22. cut
23. study
24. difficult
25. happy
26. glass
27. carry
28. sell
29. rabbit
30. million

私は，□個　読めました！

図19　フォニックス発音練習のプリント

（三木さゆり）

道徳については，学習指導要領において，「生きる力」を育むという目標に基づいて，教育活動全体を通じて，道徳的な判断力，心情，実践意欲と態度などの道徳性を養うことが目的とされている。道徳は，これらの目的に基づき，各教科，総合的な学習の時間及び特別活動において実践されるものである。評価については数値化されないものの，生徒自身が授業を通して，ねらいとする価値を身につけ，自分と社会との関わりや人間としての生き方に照らし合わせながら，考えや意欲をもって参加できるように取り組んでいくことが大切である。特に，生徒一人ひとりが自分の考えや思いを大切にし，同時に他の生徒達の感じ方や考え方も大切にする協働化の取り組みが重要となる。

9 特別な教科　道徳（1年）

（1）主題　　A－5「真理の探究，創造」

（2）目標

自分にとって不利な申告を自ら行い，正々堂々とプレーを続けた「留さん」こと宮本留吉の姿を通じて，どのような困難な状況においても真実を追求し，誠実に生きようとする道徳的心情を養う。

（3）資料名　　「留さんのボギー」（兵庫版道徳教育副読本「心かがやく」）

（4）教材観

本教材はプロゴルファー宮本留吉（以下，「留さん」）の「1951年関西オープンゴルフ選手権」での出来事が題材となっている。

留さんが13番ホール第3打を打とうとした時，ふいにボールが転がり，思いがけない1打を計上することになり，優勝争いが厳しい状況に追い込まれた。しかし，プレー終了後，同じ組で回っていた岡橋さんに「留さん，パーやな」と声をかけられた時，「いや，ボギーや」と正直に伝えた留さん。この留さんの姿を通して，どんなに困難な状況においても，その事実を真摯に受け止め，誠実に行動することの尊さを学ぶことができる教材である。

（5）生徒観

とても明るく，男女問わずに仲良くすることができる学年である。また，困っている友だちには，優しく声をかけて手助けをするなど思いやりのある生徒が多い。しかし，そのような受容的な集団に埋没してしまい，依存心が強いところがあり，自分で考え，判断し，行動することが苦手である。また，日々の現状に妥協し，目先の損得勘定が行動基準になっている生徒も少なくない。

（6）指導観

まず，ルールを生徒が理解できるように，図を使って説明をする。その中で，1打が勝敗を左右するプロの厳しさを感じとらせたい。そして，不意にボールが転がり，無念な1打を計上

したのは，留さんにとって不可抗力であったことを押さえ，彼の悔しさを十分に感じ取らせたい。その上で「ボギーや」と正直に事実を伝えた留さんの誠実な生き方に着目させていきたい。また，班活動による意見交流を通じて，「目先の利害に縛られることなく，正直に生きることの素晴らしさ」，「人として，誠実に生きることの尊さ」を深く考えさせたい。そして，困難な状況下でも，自分を見失わずに自己実現を目指す姿勢を育てていきたい。

（7）ユニバーサルデザイン化の観点

- 視覚化　・説明には必ずポイントを図示して，説明する。
- 構造化　・目標を提示する。初めての文章を音読するためには，教師が範読して全体の内容を概観させてから，グループで交代読みをする。
- 協働化　・個人の考えを明確にしてから，班で意見交換し，全体での話し合いに広げる。

（8）支援を必要とする生徒への配慮

特に個別支援を必要とする生徒はいないが，自分の意見を明確にするのに時間がかかる生徒に対しては，机間巡視でグループで出ている意見のいくつかを選択肢で提示して，選ばせる。

（9）基本となる授業の展開　　　　　　　　　　　　　　　＊UD化の観点

	学習内容	主な発問と予想される生徒の反応	指導上の留意点
導入	今日の資料に興味をもつ。	ゴルフのルールについて何か知っていますか。 ・ボギーについて。 ・パーについて。 ・バーディについて。	自由に発表させる。 ルールについては，教師側から図を使って（補足）説明する。 （＊視覚化）
展開	資料①を読む。 舌打ちした留さんの気持ちを考える。 ボギーであることを告げた留さんの気持ちを考える。	①「ついてないな。」と舌打ちした時，留さんの気持ちはどのようなものだったのだろうか。 ・優勝は無理かもしれないな。 ・よりによって，こんな大切な場面で何ということだ。 ②留さんは，どんな気持ちで「いや，ボギーや。」と答えたのだろうか。 ・嘘をついて勝っても嬉しくない。	ルールがわかっているか，必要があれば，再度簡単な補足説明をする。 この出来事が勝敗を決めるかもしれないということを確認する。 （＊目標の構造化） 様々な意見を出し合い考えを深めるために，班活動を行う。 もし，岡崎さんに「パーだ。」と答えていたらどう

	資料②を読む。	・正直に生きたい。 ・正々堂々と勝負がしたい。 ・嘘をついてもばれるかもしれない。	なっていたかも考える。 （＊協働化）
	セレモニーに向かう留さんの気持ちを考える。	③「セレモニーの舞台に向かう留さんの姿は、りんとして輝いていた。」とあるが留さんはどのような気持ちだったのだろうか。	決して流されることなく、自分を厳しく律し、自分の信条を大切に行動する留さんの生き方を押さえる。
		・やはりあの時、嘘をつかなくてよかった。 ・嘘をつかなくてよかった。 ・これが自分の生き方なのだ。 ・正々堂々と勝負しての優勝は最高に嬉しい。 ・私のしたことは正しかった。	
終末	今日の道徳で考えたことをまとめる。	今日の道徳を通じて、考えたことをまとめる。	

（構成＝米田和子）

10 特別な教科　道徳（2年）

(1) 主題　　B-4「相互理解，寛容」

(2) 目標

　著名な浄瑠璃の語り手（太夫）から二度も三味線の伴奏者（相三味線^{あいじゃみせん}）として認められず，悔しい思いをしたことのある鶴澤友路（つるざわともじ）さんの生き様を通して，どのような時でも自らの技量におぼれることなく，周囲の支えやアドバイスを肯定的に受け止め，謙虚に学ぼうとする道徳的心情を育む。

(3) 資料名　　「人としての修行—鶴澤友路—」（兵庫版道徳教育副読本「心かがやく」）

(4) 教材観

　日々の生活を送る中で，自らの信条や信念をもって生きることはとても大切なことである。しかし，社会生活を送る中で，自らの考えと違う見方や価値に出会い，自分の意識や行動を見つめ直すこともある。その際，周囲の対応に対して，開かれた心で謙虚に学ぶ姿勢をもつことが非常に重要である。その姿勢をもってこそ，さらに自己を深く成長させていくことができたり，他に認められる存在となることもできたり，自己の考えと違う事柄に対して広く寛容な心をもつことができたりする。本教材は，自らの考えだけにとらわれず，周囲のアドバイスを聞き入れながら謙虚に学ぼうとする道徳的心情を育むのに適した教材である。

(5) 生徒観

　他者に対して，相手を傷つけない社会的な態度はおおむね身についている。しかしながら，他者とのコミュニケーション力が不足していることで，自分の意見を人に十分に伝えることや周囲の人の考えをしっかりと理解することができていないことから，トラブルになるようなことがある。より社会性を高めるためにも，周囲に対して謙虚に学ぼうとする姿勢や積極的に他者を理解しようとする姿勢を身につけることが必要である。

(6) 指導観

　謙虚に学ぶ姿勢を身につけるためには，社会を支える周囲の人たちの個性を尊重し，それぞれの立場の考えを理解することが大切である。そのためにも，自分の考えだけにとらわれず，広い心で他者の意見に耳を傾けること，その発言内容を理解しようとすることが必要不可欠である。主人公が自分だけの考えにとらわれず，周囲の声の意味を理解した時，自らの行動も変わり，以後の成長につながったことを生徒に理解させていく。

(7) ユニバーサルデザイン化の観点

視覚化	・人形浄瑠璃の写真を提示して，説明だけでなく視覚的なイメージから人物の役割を理解する。
構造化	・心境の変化を重要語句を順番に提示していくことで読み取りやすくする。
協働化	・個人の考えを明確にしてから，グループで意見交換し，さらに全体で共有する。

（8）支援を必要とする生徒への配慮

　語彙が少なく，言語的推論が苦手な生徒に対しては，事前に理解しにくい言葉に線を引かせておき，机間巡視の時に個別に説明をする。

（9）基本となる授業の展開　　　　　　　　　　　　　　　　　＊UD化の観点

	学習内容	主な発問と予想される生徒の反応	指導上の留意点
導入	人形浄瑠璃について知る。	この写真は何だろうか。 ・小学校でつくったことのある三味線に違いない。 ・落語家が話をしている。 ・能勢町の人形芝居を見たことある。	三味線弾き，太夫，人形遣いの3枚の写真を順番に見せ，黒板にあてはまる位置に掲示し，人形浄瑠璃の役割と関連性を理解できるようにする。 （＊視覚化）
展開	資料の範読をする（p.44の14行目まで）。 太夫（呂調）に伴奏を断られた時の心情を推察する。 宗家から芸名をもらえているのに呂調さんに伴奏を断られた時の心情を推察する。 資料を最後まで範読する。 友路さんが思いついた内容について推察する。	①目の前で太夫に伴奏を断られて友路さんは何と思ったか。 ・15歳だからと言われて悔しい。 ・私の今までの苦労と努力も認めてほしい。 ・呂調さんは有名な人だから無理なことは当たり前かもしれない。 ・今まで以上にがんばって絶対うまくなりたい。 ②なぜ2度目の伴奏も太夫に断られたと友路さんは思ったか。 ・まだ年齢が若いと思われていた。 ・技術的に認められていなかった。 ・呂調さんに嫌われていた。 ・呂調さんと親しい関係でないので稽古を今まで一緒にしたことがなかった。 ③「人として…」とつぶやきながら，友路さんはどんなことを考えていたのか。 ・呂調さんはまったく三味線の腕を認めていないのではないのだ。	難しい語句については理解できるようにする。 （＊スモールステップ化） 人物とセリフ，友路さんの世間の評価を黒板に掲示する。 （＊視覚化） 宗家に修行に行ったのは，どのような心境があったからかヒントを与えて推察させていく。 （＊構造化） 資料内容などから友路さんの努力と成長をカードにして黒板に掲示し，友路の変化を理解する。 （＊視覚化，構造化） 難しい語句については理解できるようにする。 （＊スモールステップ化） 母の言葉と師匠の三味線の音色から，友路さんが気づいたことをヒントとし，呂調さんが断った理由の内容を考えていく。 （＊目標の構造化）

		・人から信頼されるような人間に自分を磨かないといけないんだ。 ・呂調さんのもとで私の知らない技を身につける必要があるのではないか。 ・師匠の音色と自分の三味線の音色は，そういえばなんとなく違う気がする。 ・思い返せば，自分の今までの姿勢は何かとたるんでいて傲慢なところがあったのではないか。	主人公の心の変化が見られる原因について最初に個人で考え，3分後に班活動を通して考えさせる。 （＊協働化） 班の意見を黒板に列記する。 （＊協働化） 班の意見について，その理由や背景を確認していくことで，それぞれの立場の考えや意見を尊重する考えを養っていく。 （＊目標の構造化）
終末	授業の感想をまとめる。	・今日の授業を通じて，考えたことをまとめる。	

（構成＝米田和子）

11 特別な教科　道徳（3年）

（1）主題　　C-8「我が国の伝統と文化の尊重，国を愛する態度」

（2）目標

　過酷な作業に耐え，懸命に明珍火箸をつくり続ける明珍さんの姿から，優れた伝統を継承しようとする熱意を学び，文化を大切にしようとする道徳的心情を育む。

（3）資料名　　「明珍火箸」（兵庫版道徳教育副読本「心かがやく」）

（4）教材観

　小学校社会科で地域について学び，そこで，多くの知識を得るが，「地域に貢献したい」，「地元を大事にしたい」というような，郷土に対する愛着心は希薄である。すべての人にとって郷土は存在し，地域の中で成長する。そんな大事な郷土を愛する気持ちは，郷土をよく知ることから育まれる。地域の人の温かさや熱意を知ることで，同じ地域に生きることを誇りに思ったり，感謝の気持ちをもつことができる。さらに，この考えは郷土だけではなく，自分の国の伝統や文化にまで広げることもできる。国際社会の中で，自らの国を愛し，他国も大切にできる心を育てたいと考え，本主題を設定した。

（5）生徒観

　本校の生徒は，2つの地区から通学している。小学校は別々であったため，自分の家のまわりはよく知っているが，他地区についてはあまり詳しく知らない生徒が多い。猪名川町については，小学校社会科の授業で学んだ知識は豊富である。しかし，実際に伝統や文化に触れる機会はほとんどなく，店の食料品売り場で地元の野菜を目にする程度である。地元を大事にしている方々の思いを考える力は乏しいと思われる。第3学年の生徒は，大部分がニュータウンに住んでいるため，地元の文化をよく知らない生徒が多い。一方，一部の生徒は，家業を手伝いながら，地域を知り，地域の方とも交流している。

（6）指導観

　兵庫県内に，世界に誇れるような美しい伝統工芸品があることを知らせ，自分の身の回りにまで興味を広げさせたい。

　明珍さんが，厳しい環境の中，欲を捨てて鉄を打ち続ける姿から，優れた作品へのこだわりだけではなく，先代からの思いを引き継いでいる責任の重大さを感じさせたい。自分の仕事に誇りをもつ明珍さんは力強く，言葉にも説得力がある。与えられた仕事に全力で取り組むことは，優れた作品を生み出すことに加え，己を力強くする。明珍さんの生き方を学ぶことで，同じ地域に生きるものとしての誇りを感じ，郷土の伝統文化を大切にしたいという心を養いたい。

（7）ユニバーサルデザイン化の観点

　視覚化　・伝統工芸品の実物を見せることで，興味・関心をもたせる。
　構造化　・音読は初めての文章なので必ずグループで交代読みをし，読みに集中させる。

|協働化| ・個人の考えを明確にしてから，異なる意見を共有し合い，個人の考えを深める。

（8）支援を必要とする生徒への配慮

　音読が苦手で初めての文章を音読しながら内容理解することが困難な生徒には，一文交代読みで，読みの負担を少なくし，他の生徒の音読を聞くことで内容を理解できるようにする。

（9）基本となる授業の展開　　　　　　　　　　　　　　　　　　　　＊UDの観点

	学習内容	主な発問と予想される生徒の反応	指導上の留意点
導入	明珍火箸を知る。	・ただの箸ではない。 ・きれいな音がする。	実物を見せたり，音を聞かせたりする。 （＊視覚化）
展開	心かがやく p.52「明珍火箸」を読む。	①現在，明珍火箸は何のためにつくられているのか。 ・火箸として使うため。 ・伝統として引き継いでいくため。	本文の内容が理解できているかを確認する。
	明珍火箸にかける明珍さんの思いを考える。	②明珍さんは，どうして窮地に陥っても，苦しい生活に耐えて伝統を受け継いでいったのか。 ・明珍家の技術を残していかなければならないという思いから。 ・いいものを作りたいという思いがあったから。 ・先代からの強い思いを簡単に途絶えさせてはいけないと思ったから。 ・自分にしかできない仕事だという使命感をもっているから。	班で意見交流をする。 （＊協働化） 苦しい生活から逃れるために伝統を捨てるという選択肢があったことも考えさせる。
		③明珍さんは，どんな思いで「この手がわしの人生をあらわしとうなあ……」と語ったのか。 ・今までのしんどかった人生が表れている。 ・ごつごつした手は，人生の山や谷を表している。 ・自分だけの，他の人にはまねできない人生が表れている。	明珍さんが自分の手（伝統）を誇りに思っていることに気がつかせる。
終末	今日の授業を振り返る。	・人生をかけて守られている技術と伝統から，明珍さんの熱い思いを感じる。	多くの苦労があって，伝統が守られていることを確認する。

（構成＝米田和子）

2　合理的配慮に結びつく個別支援

1　高校進学に向けての取り組み

　中学校では，高校入試に結びつく合理的配慮に向けて，個別の配慮や支援の取り組みが始まっている。大学入試では，既に平成23年度から発達障害に対する大学入試センター試験での配慮が実施されている。しかし，高校入試ではまだまだ取り組みが少ないのが現状である。それは，中学校での合理的配慮に向けた取り組みの実績が少ないからである。ここでは，通常の学級と通級指導教室が連携した進路指導と合理的配慮の取り組みが，高校入試に結びついた例を紹介したい。

（1）高校入試で解答用紙の拡大と別室受験の配慮を受けた例

　Fさんは，小学校から引き継いだ個別の指導計画に，今後の課題として「発音」，「書字」と書かれていた。中1から通級指導を開始するにあたって以下の支援に取り組んだ。中心となったのは，書字困難への手立てである。

①在籍校で個別の指導計画と教育支援計画を作成し，それに基づく通常の学級での支援を行う
　（在籍校の個別の指導計画の中に通級指導教室の指導内容を記入する形式で作成）。

〈通常の学級での手立て〉
- 国語のスピーチ原稿や読書感想文など長い文章を書く時にはパソコンで入力し，プリントアウトした原稿を提出してもよいことを許可してもらった。
- 定期テスト解答用紙拡大。
　　　　　Ｂ4サイズぎりぎりまで拡大（110％ぐらい）→Ａ3サイズに拡大
- 国語以外の解答用紙も拡大。
- 国語問題用紙拡大（本人の申告により，視点が勝手に飛ぶことがわかったため）。
- 定期テスト解答用紙で漢字書き方の欄にマス目と補助線をつけた用紙作成。
- 国語解答用紙の作文用紙にも補助線を入れる。
　　　　　⇒これらの取り組みを受けて，高校入試にあたって「拡大用紙」申請をした。

②通級指導教室で個別の指導を行う。

〈通級指導教室での指導〉
- できるだけバランスのとれた文字を書くための工夫。
- 補助線や用紙，文字の大きさによって，書きやすさや文字のバランスのとれ具合を試す。
- パソコンでの入力練習。

・手先を意識して使うトレーニングや補助線の入った用紙での漢字練習も実施。
＊解答用紙など特別な用紙を定期テストなどで試す前には，教科担当者と相談し，用紙の作成，本人の書き心地などを聞き，保護者にも連絡をとりながら進めた。

　中学になると，特にテストでは書いた結果で理解したかどうかが判断されるので，目と手の協応の弱さがあるＦさんの場合，丁寧に書くと時間が足りず，読みにくい字になると書けたことにならず，時間が足りなくてひらがなで書くと減点になってしまったりと，わかっていても「書けない」ことで「理解していない」と判断されてしまうことを避けるために，様々な対応を１年生の時から行った。

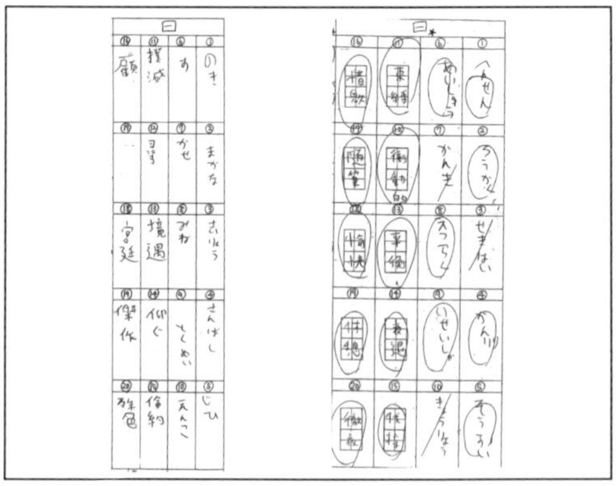

　Ｆさんのためにテスト作文解答用紙にも補助線を入れていたが，他にも文字のバランスが崩れる生徒が何人もいたため，生徒全員に補助線のついたものを使うことになった。

図20　漢字解答欄に枠と補助線がある時とない時の比較

　テストで個別の配慮を始めた当初，Ｆさんは自分だけが違うことをするのを嫌がったので，初めのうちは本人にわからないように配布していたが，何度か実施するうちに「書きやすい」との実感を得られたことで受け入れられるようになっていった。高校入試では，拡大された問題用紙と解答用紙で受験した。また，本人が特に望んでいない別室受験となったが，受験後の本人の感想では，「別室のほうが集中できてよかった」ということであった。

　このように，Ｆさんが本来もっている力を出せるように手立てをしていったが，支援する教員の方が有効だと思っていても，本人に受け入れる気持ちがないと実行はできない。そのため，支援の取り組みの中で，「できなかったことができた」，「少し自信がついた」ということが本人に実感でき，個別の配慮を受けて「よかった」と本人が感じられるように指導することが，重要なポイントであると思う。

　その例をあげると，Ｆさんが３年生になってから，「文章を読んでいると急に１ページ飛んでしまうことがある」ということを受けて問題用紙も拡大することになった。これは，「読書が好きか嫌いか」について作文を書いている時のＦさんのつぶやきがきっかけとなってわかったことである。いままでＦさんは，「何となくやりにくいな」と思っていても，人に言うことは考えもしなかったのだと思う。様々な個別の

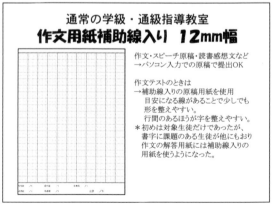

図21　補助線入り作文用紙

配慮を受け，自分に有効だと思い始めたからこそ伝えることができたのだと考える。

（2）自分にあった高校選びのための指導

進路指導は一般的には通常の学級で行なわれるが，全体指導を補足する形で説明されたことが理解できたかどうかを通級指導教室でも確認していった。

〈横書き原稿用紙記入練習〉

例えば，公立高校の小論文対策として，中学校ではほとんど横書き原稿用紙など使うことがないので，初めてのことに極めて弱い生徒には，早い段階から書きなれるための練習を行なった。

〈高校の単位の取り方説明〉

通級指導教室に通う生徒の場合，まわりのことに関心が薄く，兄姉がいても高校生活に関する情報をほとんど知らないことが多い。そのため，受験する高校を選ぶ時に，入試のシステムや入学後の単位の取り方などを通級指導教室での時間にパワーポイントなど使いながら詳しく説明し，高校生活のイメージをもてるようにした。

高校の単位の取り方の具体的な説明がないと，工作が苦手なのに機械科を希望したり，人と話すのが苦手なのにコミュニケーション系の学科を選ぼうとしたりと，高校生活についての具体的イメージがもてないまま何となく判断し，まわりが心配していろいろアドバイスしても「大丈夫」で終わってしまい，進路先を決定した段階で再度調整をしなければならないこともある。そこで，高校のパンフレットやホームページを見ながら，3年間の単位の取得方法を説明するようにして，見通しをもって進路

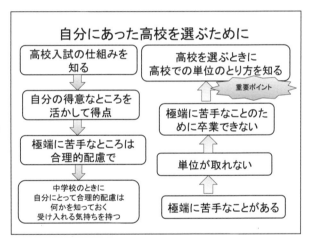

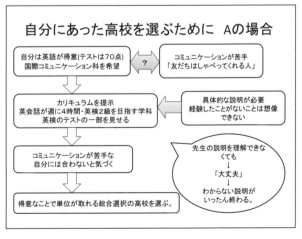

図22 高校選びのポイント

先を決定させるようにした。通級在籍生徒には中学2年生の時から合同説明会や体験入学に行くことを勧めるようにしている。

（3）高校への引き継ぎ

中学校内の進路委員会からの高校の支援に関する情報は限られたものだけである。しかし，保護者との懇談の中で情報を求められることは多い。そこで，通級指導教室の担当者自身が合同説明会やオープンスクールなどに参加し，直接高校の先生に支援の状況を聞いて情報を集めた。それを保護者に提供し，中学校のような支援は望めなくても，保護者や本人が高校にどのようにアプローチすればいいのかを具体的に示すようにした。また，個別の指導計画と教育支援計画を引き継ぐにあたっては，中学校と高校の連携はもちろんのこと，保護者の側に「誰に，どのタイミングで，どのようにすればいいのか」という不安がある点も考慮して，保護者に対しても具体的な引き継ぎ方を示すようにした（図23）。

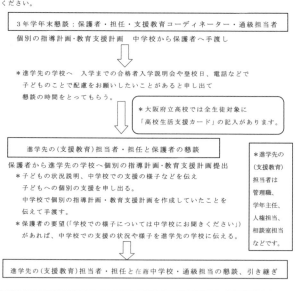

図23　保護者のための引き継ぎに関する説明

（4）体験入学をした高校に行きたくて，苦手な勉強をがんばりきった例

個別の指導を行なっている生徒に対しては，中学2年生の段階で体験入学などを勧めていることを前にも述べたが，好きなこと・得意なことを生かして高校選びをしたGさんの事例について紹介したい。

①中学2年生での体験入学を契機に

Gさんは，高校の体験入学で担当の先生からとても興味のある話を聞き，この高校に行きたいと思うようになった。3年になってから他の高校の見学にも行ったが，本人も保護者も気持ちは変わらなかった。しかし，勉強は嫌いでやりたくない。がんばろうと思ってもせっかく覚

えた漢字もすぐに忘れてしまうという状況であった。そこで，保護者と相談をしながら学校の放課後学習会を利用し，週に1回は通級指導教室で，2回は放課後学習会で行きたい高校に行くための勉強を始めた。2年生の後半から始めたが，もちろん勉強嫌いがすぐに好転するわけもなく，約束はしたものの最初はスムーズには進まなかった。

　しかし，3年生になって少しずつ小さな成果が出るようになり，本人にわかりたいという気持ちが強くなってきて，毎日学校に残って勉強したいと言い出すようになった。そこで，支援教育サポーターや専門支援員，通級指導教室担当者などが連携して，できるだけ時間と場所を確保するようにした。自分が希望したので本人も積極的に取り組み，この勉強は受験が済むまで続いた。

②勉強の仕方を学ぶ

　3年生になって実力テストも受けるようになったが，がんばっているけれども点数にはなかなか表れないという問題があった。テストで得点をとるためには，理解すること，覚えることも重要であるが，テストの受け方のコツも必要である。そこで，テストの受け方を指導して，実力テストで得点できるように，テスト前にはシミュレーションも行った。

　Gさんの場合，テスト問題の1番から順番に解いていくので，テスト後にやってみると解答できた問題をやり残したままということがあった。そこで，テスト用紙が配られた後の手順について，「できるところからする」やり方を練習した。Gさんは「問題用紙の文章を読み始めるとずっと読んでしまう」と言っていたので，先に解答用紙の解答欄を見て（そうすると漢字のところや記号で答えるところもわかる），先にする問題に印をつけてそこから取りかかることにした。また，50分をどう使うかも考え，初めに全体を見ること，できる問題に印をつけること，時計を見ること，残りの5分ほどは必ず見直しをすることなど，問題を解くために必要なことを確認した。さらに，通級指導教室では面接の準備や練習を行ない，その場面をビデオに撮って，自分がどのように見えているのかを確認することなども行った。

　このような放課後の個別の指導を実施できたのは，学習支援者，専門支援員，支援教員サポーターなどの協力を得られたからである。こうした取り組みでは，各校に配置されている学力保障のための学習ボランティアなどの人材を活用しながら，生徒の「がんばりたい」に応える工夫が必要である。また，自分の得意なことを生かすためには，苦手なことにも取り組まなくてはならない。その場合，得意なこと，好きなことも同時に取り入れて，「これのためなら嫌なことにもがんばる」という気持ちを育てていく必要がある。通級指導教室に通ってくる生徒は，いままで「できない」ことに悩まされて，「あきらめる」ことに慣れてしまっていることが多い。だからこそ，「できる」ことをクローズアップし，応援したいと考える。

（草場綾女）

2 テストへの配慮

(1) はじめに

　中学生になると試験の形式が，これまで小学校で行われていた単元別の試験から，学期ごとに中間試験・期末試験が実施される定期考査に変わる。試験の内容も，中学校の教科内容に合わせて複雑で分量も多くなる。

　文字の読み書きが苦手なSLD（限局性学習症）や発達性ディスレクシアの生徒にとって，自分で問題文を読み，内容を理解し，解答を文字で書き表すことは，非常に困難な課題である。そのため，これまでと同じ形式の試験の実施では，実力を発揮できず，本来もっている能力を正しく評価することは難しい。

　本稿筆者は小学校の通級指導教室を担当する立場にあるが，小学校時代に通級指導教室で指導していた子どもの事例を通して，中学校におけるテストへの合理的配慮と高校・大学受験に関する現状と課題について考えていきたい。

(2) Jさんの事例を通して

①Jさんの状態と小学校通級指導教室での支援経過

　Jさんは，通常の学級に在籍していて，小学校5年生の時に通級指導教室で相談を受けた。主訴は「読み書きが苦手。特に漢字が苦手で，書くことには大きな抵抗がある」であった。テストは自分で読んでやると点数がとれないが，問題文を読んでもらうと百点がとれることもあった。自分で書く文章は，漢字を使わずひらがなのみで書いていた。漢字テストでは自分で書くことはできず，選択肢で答えの漢字が書いてあると，正答を線でつなぐことができた。Jさんに「森田－愛媛式読み書き検査」(注1)を実施すると，次のような結果であった。

・聴写：すべてひらがなで書き，抜けている言葉がいくつかある。
　　　　助詞の表記「〜は→〜わ」「〜を→〜お」の誤りがある。
　　　　促音「っ」がすべて抜けている。
・視写：制限時間の5分で，視写できているのが全体の四分の一以下である。
　　　　漢字は正しく書けている。
・聞き取り，読み取り：ほとんど解答を書けていない。

　小学校5・6年の2年間，週1回通級指導教室で指導を受け，電子辞書を使って漢字熟語を調べて書く練習や，ワープロのローマ字入力の練習を行った。また，DAISY（デイジー）教科書(注2)を使って教科書の読みの練習も行った。

(注1) 愛媛LD研究会が作成した読み書き検査。聴写・視写・聞き取り・読み取りの4つの検査からなる。小学校2～6年生用の問題が用意されている。
(注2) パソコンやiPadで再生できるデジタル図書。ハイライト表示の文章を読んでくれるため，目と耳の両方から内容理解ができる。

②中学校の定期試験と小学校のテストとの違い

　Jさんは地元の公立中学校に進学し，他の生徒と同様に1学期の中間試験を受けた。テストを受けてみて，点数もさることながら，小学校時代とのテストの形式の違いに驚かされた。

　小学校時代との一番の違いは，問題用紙と解答用紙が別になっていることである。読み書きが苦手な生徒にとって，これは大きなハードルになる。苦労して問題を読み，答えを見つけ出しても，書く時には別の紙を見て書く場所を見つけ出さなくてはならない。時間がかかる上に，書いた答えの正確性も薄れることになる。

　また，文字の多さも読みの困難をもつ生徒にとって，大きな障害になる。B4判の用紙に1行50文字以上が並んでいる。読みのスピードが遅いため，1行読むのにも時間と労力を要する。読みに対する負担が大きいために，文章の内容理解が不十分になってしまう。

　さらに，分量の多さも大きな負担になる。教科によって違いはあるが，B4判の用紙で2枚～3枚の問題文は，時間内にやり終えることは困難で，読もうという意欲も失ってしまう。

　テストの得点は，数学では計算問題が中心であったため平均点以上をとれていたが，5教科合わせては130点程度しかとれていなかった。

　通級指導教室の方に，保護者から中学校のテストへの対応について相談を受け，テストの結果を見ながら対策を考えた。本人に対しては，テスト勉強の仕方やテスト時の効率的な解答の仕方などをアドバイスするとともに，中学校に対して読みの負担軽減についての配慮をお願いしていくことにした。

③中学校の対応

　中学校の方には保護者からテストでの配慮をお願いしていったが，当時（2009年）「合理的配慮」という言葉自体が一般的でなく，中学校の対応も消極的であった。

　中学校1年の冬休み，Jさんは東京の専門機関で読み書きに関する総合的な検査を受ける機会を得た。その結果，知的な能力の総合的な力は高いものの，文字の形と音との結びつきが弱いため，読みと書きの困難が現れていることがわかった。必要な配慮として，読みに関して「PCによる音声読み上げの使用」，「テスト時の代読」，また書きに関して「ワープロの使用」，「テスト時の代筆」が必要とのことであった。

　この結果もふまえて，中学校の方から1年生3学期期末試験より，次のような試験配慮の打診があり，本人・保護者が希望するどちらかの方法で実施されることになった。

①問題用紙を拡大して，すべての漢字にルビをふる。
　②別室で，教師による問題文の代読を行う。
　試験配慮の方法の選択に関しても，保護者の方から通級指導教室に相談があり，より効果的な方法として「別室・代読」の試験を希望することにした。

④代読試験の実際
　代読試験は中学校では初めての試みであったため，事前に綿密な打ち合わせがなされた。特に，解答につながるために読んではいけない部分については，各教科担当者で協議し，共通理解が図られた。実際の代読試験は次のように実施された。
　①試験当日は教室に行かずに，直接相談室に登校する。
　②各教科ごとに1人担当者がつき，代読する。
　③「ここを読んでください」と言われた時だけ代読する。
　④代読できない部分は，「これ」と指さしたり，「下線①は」と読んだりする。
　⑤試験時間は延長せず，他の生徒と同じ時間で実施する。
　⑥補助具として，読み定規・4色マーカー・虫眼鏡・タイムタイマー(注3)の使用を認める。
　代読で試験を行った結果，テストの得点は5教科で200点以上とれるようになった。自分で読んで行うテストより70点から100点を上回る点数で，代読試験の効果が認められた。

(注3) 残り時間が赤色の帯で表示され，時間の経過を視覚的に捉えることができる支援ツール。

⑤高校受験に向けて
　中学校1年生3学期期末試験から代読試験が実施され，2年生1学期の中間試験・期末試験でも同様の方法で試験が実施された。1学期の期末試験が終わった時点で，中学校は高校入試に向けて代読試験を今後も続けるかどうかを検討した。地域の公立高校入試では発達障害生徒への代読による入試が実施されたことはなく，全国的に見ても同様の事例はほとんどない状況であった。
　大学入試センター試験では，2011年度受験から発達障害生徒への受験特別措置が始まることが決まっていた。世界的には，国連で「障害者の権利に関する条約」が採択され，我が国もその批准に向けて法的整備を進めていた時期である。しかしながら，情勢としては障害者への合理的配慮が認められる方向には進んでいるものの，高校入試での代読試験の実施までは道が遠いものと感じられた。
　中学校の方から，保護者と通級指導教室に代読試験の継続に関して意見が求められた。保護者は，わずかでも可能性があるのであれば，代読試験を継続して高校や教育委員会に代読試験の実施を働きかけて欲しいと希望した。通級指導教室の方からは，何よりも実績をつくること

が大切で，代読試験を継続してそのことを入れた個別の指導計画や教育支援計画を作成していくことを求めた。これに応えて，中学校も代読試験の継続を決定し，2年生段階から診断書や専門機関の意見書をそえて教育委員会に申請を上げていくことにした。

⑥代読による高校入試

中学校からの申請を受け，教育委員会は検討を重ねたが，他府県での実施の例がないなどの理由から実施には慎重姿勢が続いた。3年生の12月にJさんの受験校が決まり，教育委員会は中学校の代読方法の聞き取り調査を行い，代読の有効性や他の生徒との公平性について検討した。その結果，2月に入って，中学校から高校に提出する調査書（内申書）にも代読で行った試験の結果が反映されていることなどから，代読による配慮試験が実施されることになった。実施された公立高校入試の配慮試験の内容は，次のようなものである。

①文字の読み書きが困難な学習障害「ディスレクシア」がある生徒への配慮試験。
②他の受験生とは別室で，個別に試験を行う。
③本人が代読を求める部分を，教育委員会担当者が代読する。漢字の読みなど直接解答に結びつく部分は代読しない。
④問題用紙を，他の受験生に配付するA4判からB4判に拡大する。

本人と保護者に対して，事前に「代読試験に関する打ち合わせ会」がもたれた。前年度の入試問題を用いて，各教科ごとに代読できる部分と代読できない時の提示方法，代読を申し出る手順，代読スピードなど細かい確認がなされている。

このような経過を経て，発達障害生徒への初めての公立高校配慮受験が行われ，Jさんは希望する高校に合格することができた。

⑦おわりに

Jさんは高校でも中学校と同様の配慮試験を受けることができた。そして，高校3年間の配慮試験の実績が大学入試センター試験や私立大学の受験において，別室・代読，時間延長，試験問題の拡大などの合理的配慮を受けることにつながった。

この事例を通して，個々のニーズに応じた合理的配慮を行っていくことの大切さがわかった。また，高校・大学受験において，日常的な教育活動の中で必要な合理的配慮を継続していくことの重要性も感じた。合理的配慮を受けることで，本来の実力が発揮され，それが正当に評価される教育が実現することを望みたい。

（村井敏宏）

第3章

学校・地域みんなで支援を深めるために

1 教科の専門性を生かし，共通理解を深める研修

1 中学校の特性を生かす

　今から5年ほど前までは，中学校の巡回相談や研修会に伺った際，幼児期から青年・成人期までの特別支援の取り組みの中で，発達障害に対する理解や支援の取り組みが一番遅れているのが中学校であると感じていた。その原因は，①3年間という短いスパンの中で子ども自身が大きく変化する時期である，②学力差が小学校以上に大きくなる，③二次的な問題のために発達の課題が見えにくくなる，④二次的な問題への対応で生徒指導の視点と特別支援の視点が混在して不明確になりやすい，などの中学校期特有の問題が存在するからである。そのため，特別支援教育や発達障害についての一般論的な理解研修をしても，「そんなことはわかっている。でも，いま，この目の前で問題を起こしている生徒にどう対応すればよいのか」といった感想がよく聞かれた。実際，日々生徒指導上の問題で悪戦苦闘している先生方からすれば，「一般論など空論に過ぎない」と感じられたのであろう。こうした理由から，中学校では，家庭環境や学習のしんどさなど二重・三重の課題を抱えた生徒の目の前の課題を整理し，具体的にどこからどう支援していくのかが提案されなければ，解決の糸口が見えないというような現状であった。

　しかしながら，ここ2～3年，巡回相談を通して実際の授業をどう変えていくのかという視点で中学校の研修を進めていくと，先生方が熱心に生徒の理解をし，具体的な取り組みを展開してくださるようになってきた。以下，教科の専門性とチーム連携という中学校の特性を生かした研修の在り方を紹介したい。

（1）支援対象生徒のテストやノート，行動観察から生徒理解を深め，対応を考える

　中学校では，支援対象生徒について小学校からの聞き取りを実施していることが多いが，ほとんどの場合，診断名だけが報告されて，実際の生活面や学習面での課題を把握していることは少ない。しかし，効果的な支援のためには，授業や学校生活場面を通じた生徒理解が最も重要である。それについて，巡回相談で本稿筆者が経験した2つの例をあげておく。

【例1】
　中学校では最初，小学校から引き継いだ「ADHD」の診断名に基づき，主に行動面の支援を実施していたが，授業中の行動観察や日常的なトラブルの聞き取りから，本稿筆者には「ASD（自閉スペクトラム症）」の傾向が感じられた。そこで再度，小学校からの引き継ぎ資料を詳細に調べていただくと，「ASD」の診断名が記入されていたということがあった。

【例2】
　小学校からの報告には「ADHD・書字障害・ASD」の3つの診断名が書かれていたが，中学校では当初，明確に見えている書字障害だけに対応をしていた。しかし，対象生徒の行動を観察し，実際のテストの間違いや書字を見てみると，明らかにADHDの特性から生じる文字の乱雑さや間違いと多動・衝動的な行動が見られた。その判断を伝えると，先生方がふだんから感じている行動上の問題がADHDの特性から生じていることが多いことが認識された。そして，行動面の問題の要因が認識されると，先生方の中から「書いたものをもう一度振り返らせて間違い直しをさせてみるのはどうか」，「マス目のない白紙を使うより，罫線やマス目があって，しかも，他の生徒より少し大きめの罫線やマス目がある方が書きやすいのではないか」などの対応案が出されてきた。

（2）行動分析を通して行動上の問題が生じる原因を把握し，対応を考える

　中学校ではクラス内だけでなく，クラブや委員会など学級や学年を越えた人間関係の中で活動することが多くなる。そのため，学級経営だけで対人関係のトラブルを解決することが難しく，学年全体や学校全体で問題を把握し，取り組んでいかなければならないことも多い。しかし，不適切な行動が生じる要因を把握することなく，ただ「その行動はダメだ。もっと良い方向にがんばれ」という要因を考えない生徒指導上の対応に終始してしまい，結果として問題となる行動を繰り返している事案も多く見られる。このような場合，問題となる行動を記録し，どのような状況でその行動が生じているのか，その後の対応でどのような行動の変化が見られたのかを分析してくことで適切な対応を考えていく応用行動分析の手法が有効になる。小学校と異なり，中学校には「チームで生徒を見ることができる」，「様々な教員の視点から行動を見ることができる」という利点がある。

【例3】
　学級での学習や活動では，行動の問題はほとんどなかったが，クラブ活動で頻繁に暴言

や暴力が生じている生徒への対応に苦慮していた。その原因を把握するため，問題となる行動の生じた前後の状況について，①行動が生じた文脈，②実際の行動，③周囲の生徒の反応，④指導者の対応，の４つに分けて記録していくことによって，行動が引き起こされたきっかけが見えてきた。練習の相手がいない時に，クラブ担当の教員もいない中で，だれにどう言えば良いかがわからなくてラケットを振り回し始め，友達に注意されたのがきっかけで行動がエスカレートしていったと判断できた。

　本生徒に関する支援の協議では，本人の「二度とこんなことはしません」の発言に対して，「二度としないと約束できるなら許してやる」という対応の仕方で良かったのだろうかという意見が出された。本生徒にはADHD特有の衝動性があり，投薬も受けている中で「二度と同じことを繰り返さない」という約束は，生徒自身が自分の首を自ら絞めてしまうことになりかねないとのことから，教師の対応とすれば「少しでも減らす努力をしよう。どうしたら，そうしないで済むだろうか」という対応が良かったのではないかと共通理解することができた。

（3）学年団が教科の専門性を越えて指導案を考える

　ユニバーサルデザインの環境つくりや授業づくりに取り組んでいる中学校では，国語科・音楽科・英語科などの担当者が教科の専門性を越えて，指導案を学年団で検討している。そのメリットは，専門教科は異なっても学年として，生徒の生活面や学習面でのつまずきを共通理解できることや，指導案の中での視覚化・構造化・協働化をインクルーシブな視点で考えることができることなどである。教科が異なるからこそ，新しい授業の工夫がされたという意見も出されており，そのことは中学校の特性を生かした今後の特別支援教育の取り組みにつながると言えるだろう。

（米田和子）

2　市内共有フォルダでの情報提供と研究協力校としての取り組み

　本稿筆者が勤務する中学校は，市教育センターの支援教育研究協力校として，通常の学級や通級指導教室，支援学級で使える教材や資料を市内小中学校で使えるように市内共有フォルダを通じて提供している。また，研究協力校として取り組んだ「わかりやすい授業」の校内レポートを作成しているので，ここではその概要を紹介したい。

（1）教材・資料の提供について

　通常の学級や通級指導教室などで指導のためにつくった教材や支援教育コーディネーターの活動に必要な資料などを，茨木市教育センターの市内共有フォルダを使って，市内小中学校の

先生方に提供している。共有フォルダからは他校の資料も検索でき，互いに活用することで，さらに精選された教材や個人のニーズに合わせた教材を制作できている。

①市内共有フォルダ

茨木市教育センターネットワーク Web 内には，市内各校のデータ共有を目的とする「市内共有フォルダ」がある。このフォルダ内には市内全校のフォルダがあり，どの学校からも閲覧可能である。大容量のデータのやり取りや小中連携での指導案の練り上げ，ワークシート，研修会で紹介した資料や教材データなどの情報共有の場として効果的に活用できる。

図1　フォルダ図

〈過去の提供資料〉

通級指導教室文書関係
・通級指導教室通級までの手続き
・通級指導教室　記録用紙
・学習の記録
・指導の記録用紙
・連絡帳用紙
・その他，市教育委員会の通級関係とは別に，通級についての詳しい説明資料を掲載することが多い

通級指導教室教材
＊通級指導教室の指導で使っている自作の教材を中心に，通常の学級でも使える教材を紹介している。
・作文指導の進め方注意事項
・おはなし作りプリント

- 補助線入り用紙
- 高校入試2013小論文テーマ横書き400字　ヒントつき
- 高校入試2014小論文テーマ横書き400字　ヒントつき
- 高校入試 補助線入り原稿用紙400字横書き300字縦書き
- 高校入試面接用作文　ヒントつき
- 英語ノート　11＆13行縦ドット入り　行間補助線あり
- 国語ノート　Ｂ４縦横補助線と行間あり
- 漢字10問テスト用紙補助線入り
- 漢字小３年～６年　書き方チェック　PDF
- 声のボリューム
- 読み飛ばし防止のためのテンプレート
- レゴブロック　とり
- 発言制限カード

支援教育コーディネーター資料

＊支援教育コーディネーターとして，校内での資料として使ったものや個別の指導計画関係の資料を中心に紹介している。また，市教育センター研修会などで紹介した資料，教材について提示し，生徒の指導にすぐ使えるようにしている。

- 中学校通級指導教室生徒用　個別の教育支援計画ⅠⅡ＆指導計画№１～３
- 中学校通常の学級生徒用　個別の教育支援計画ⅠⅡ＆指導計画№１～３
- 通級個別の指導計画作成の手引き
- 在籍校　個別の指導計画　高校への引き継ぎについて
- 在籍校　通級　個別の指導計画　高校への引き継ぎについて
- 授業指示カード
- 授業指示カードの説明　使用例
- テストの支援　ヒント集　受け方編　問題用紙編　解答用紙編　評価提出物編
- 家庭訪問のヒント集　基礎編　発達の相談を受けたとき編　聞き取りメモ編
- 家庭訪問懇談ヒント集　資料画像
- 支援の勧め方　ヒント集
- 巡回相談の勧め方　ヒント集
- 巡回相談後の手立て　ヒント集

（2）研究協力校としての取り組みから

　市教育センターの支援教育研究協力校として２年間，ユニバーサルデザインの視点に立った「わかりやすい授業づくり」の研究に取り組んできた。その中でそれぞれの教師が取り組んだ

ことをパワーポイントにまとめた。この資料はパソコンの画像で見て参考にできるようにしている。研究協力校の取り組みは終了したが，「わかりやすい授業づくり」の資料作成については年度ごとに更新する予定である。

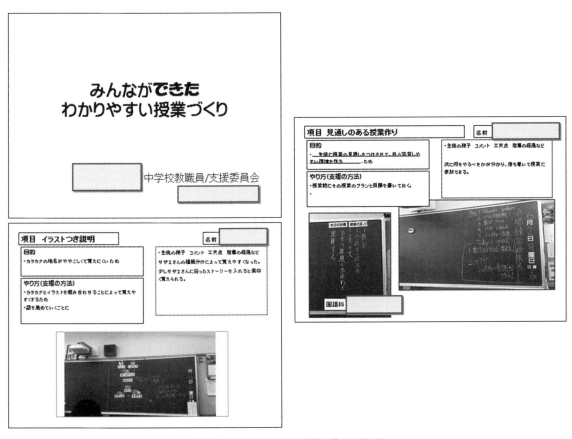

図2　わかりやすい授業づくり資料

〈レポートの項目〉

＊本校における「わかりやすい授業」の実践が，教職員の異動があっても引き継がれ，共有できるようにするための方法として取り組んだ。そこには，以下のような内容を掲載している。

①項目名：何についての工夫なのかがわかるように。

②目　的：何がわかりやすくなるためか。

③やり方（支援の方法）：指導者の具体的な指導の方法。

④生徒の様子，指導の経過など。

(草場綾女)

3 授業研究を通した共通理解

(1) 授業研究のための「授業参観シート」

　本校では，ユニバーサルデザインの授業づくりを進める上で，毎年教科を越えて，学年団での指導案づくりを行っている。ユニバーサルデザインの視点（視覚化・構造化・協働化など）は，教科を越えた，生徒がわかりやすい授業づくりの視点であると考える。この視点についての共通理解を図るために，表1のような**授業参観シート**を作成し，研究授業を見る時の視点としている。授業の反省会では，グループに分かれて各自の作成したシートをもとに討議を行うようにしている。

(2) 授業研究のための「授業参観の視点」

　また，授業参観の視点として，表2のような「わかる授業のための工夫や手立ての内容」を記入したシートを毎回配布している。

（辻真佐美）

表1　授業参観シート

	授業の視点	実践でよかったところ	メモ
導入	ルールの明確化		
	時間の構造化		
	クラス内の理解促進		
	視覚化		
展開	個別支援		
	時間の構造化		
	協働化		
	身体性の活用		
	視覚化		
	焦点化		
	スモールステップ化		
	展開の構造化		
まとめ	合理的配慮		
	スパイラル化		
その他			

表2　授業参観の視点「わかる授業のための工夫や手立ての内容」

	視　点	内　容
参加　活動する	①クラス内の理解促進	学級の雰囲気づくりができている。「わからない」と言える。助け合える。相互の良さを認め合えるなど。
	②ルールの明確化	授業に参加するためのルールの明確化，ルールがあることで安心して授業に参加できる。
	③刺激量の調整	教室内の掲示物や，外部からの刺激など生徒の集中が妨げられないように考えられている。
	④場の構造化	教室が整理整頓され，決められた場所に決められた物がある。物が機能的かつ，騒然と置かれることで落ち着いた雰囲気を出す。
	⑤時間の構造化	授業の流れカードやタイマー等で視覚化することで安心感をもって授業に参加することができる。
理解　わかる	⑥焦点化	授業でのねらいを明確化し，シンプルな構成に焦点をしぼる。授業の山場。生徒が「わかった」，「できた」という瞬間。
	⑦展開の構造化	授業の焦点化に基づいて，授業の展開を構成する。授業の進め方，説明の方法，何を体験させるかなどを決めている。
	⑧スモールステップ化	その時間の目標達成に向けて，そのステップを細かく構成する。生徒一人ひとりの状態や特性に応じた提示をする。
	⑨視覚化	見えないものを「見える化」していくこと。ICT機器やカードなど有効的に活用している。
	⑩身体の活用（動作・作業）	認識だけでなく身体を使うことで理解が深まったり，記憶として定着しやすくなる。
	⑪協働化	互いの考えを伝え合ったり，確認したりする方法である。自分の意見を深めることができ，理解に不安がある生徒が他者の意見を聞いて理解することができる。
習得	⑫スパイラル化	教科の反復構造を利用して，理解することができる。復習を取り入れることで理解の機会が得られ，習得の深まりを確保することができる。
	⑬合理的配慮	読む，書くことに関して苦手なことを考え，基礎的な内容の習得を確実にすることを考えた支援を行う。

本日はありがとうございました。授業の感想・ご意見等ありましたらお書きください。今後のユニバーサルデザイン授業に生かしていきたいと思います。

お名前（　　　　　　　　　　　　　　）

【参考文献】『授業のユニバーサルデザイン入門』小貫　悟著　桂　聖著　東洋館出版社

2 ユニバーサルデザインと合理的配慮に取り組むために

　国連の「障害者権利条約」の批准を受けて，いま教育の世界でも，共生社会の実現を目指すインクルーシブ教育システムの構築とそのための基礎的環境整備，合理的配慮の実施が喫緊の課題とされている。本節では，学校での基礎的環境整備と合理的配慮におけるユニバーサルデザイン化の意義とユニバーサルデザイン化を図る上での留意点についてまとめておきたい。

1 ユニバーサルデザイン化の意義

　平成24年7月のインクルーシブ教育中教審報告では，ユニバーサルデザインの重要性についても述べられているが，報告にある基礎的環境整備と合理的配慮の関係図には，その点が明示されていない。そのため，学校現場ではまだ，インクルーシブ教育システムを，学校の建物や設備を中心とした環境整備（例：学校建物のバリアフリー化）と特別なニーズがある児童生徒への個別的な合理的配慮の「2階建て」構造として捉えがちである。

　しかし，学校教育で重要なことは，基礎的環境整備と個別的な合理的配慮を「つなぐ」ものの存在，雨の日にたとえた図3で言えば，「長靴と傘を用意すること」（＝どの子にも必要な合理的配慮）であり，学校のユニバーサルデザイン化はその「つなぎ」として大きな役割をもつ。つまり，基礎的環境整備と合理的配慮の関係は「2階建て」構造ではなく，右のように「3階建て」構造なのであり，基礎的環境整備の上層には学校・教室・学習環境の整備が，また，個別的な合理的配慮の土台として通常の学級の授業のユニバーサルデザイン化があるのだと言える。

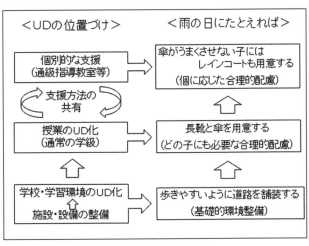

図3　基礎的環境整備，合理的配慮，ユニバーサルデザインの関係

　そしてまた，学校・学習環境と通常の学級の授業のユニバーサルデザイン化は，図に示すように，通常の学級の授業と通級指導教室等で行われる個別的な配慮・支援を「つなぐ」ものでもある。中学校の通級指導教室では，学習面の困難に関する支援ニーズが高いが，通常の学級との連携がない教室での「教科の補充指導」は，いわゆる「補習」のようなものになってしまいやすい。通級指導教室のような個別的な支援の場と通常の学級の授業が真に連携していくた

めには，「共通の土俵」として授業ユニバーサルデザインの視点が必要であり，そうした視点があってこそ，通常の学級に対する個別的な支援の場からの合理的配慮事項の提言，また逆に，個別的な支援の場への通常の学級からの支援要請が意味をもつと言える。

2 通常の学級の授業ユニバーサルデザインで注意したいこと

（1） 学習の「見通しをもたせる」とは

　授業ユニバーサルデザインの取り組みでは，生徒が学習の見通しをもてるようにすることが重視されるが，「見通しをもたせる」とはどんなことだろうか。単に，授業がどう進められるかのスケジュールを示すことではないはずである。「見通し」とは，授業を受けている生徒一人ひとりの学びのストーリーをつくることであり，そのストーリーの進行過程で，①何を目指すのか，②何をしたらよいのか，③どのようにするのか，④なぜそうするのか，が生徒にわかることだと思う。「見通し＝スケジュール」と言った外形面だけに囚われないようにしたい。

（2） 生徒一人ひとりの学習プロセスを見取る

　授業での生徒の理解の様子，つまずきや困り感は，「できた／できない」の結果よりも，学習のプロセスに最もよく表れる。わかってできた子，わからなくてできなかった子だけでなく，できたけれどもよくわかっていない子，できなかったけれどもわかっている子など，授業内での生徒の状態は様々である。ユニバーサルデザインの授業においては特に，結果で判断するのではなく，子どもの学習プロセスをしっかり見取っていくようにしたい。

（3） ユニバーサルデザイン化によって何を目指すのか

　授業ユニバーサルデザインの究極の目的は，主体的に学び，行動できる子を育てることである。支援は多ければ多いほど良いというものではないし，指示待ち姿勢で主体性がない状態では「生きる力」につながらない。教師に指示されたからその通りするというのではなく，自分で判断して行動や学習ができる子を目指すことがユニバーサルデザインの授業の目的である。そのためには，「考える機会」や「生徒同士のやりとり（協働化）」が重要となるし，支援を考える際にも常に支援の「最適化」と「最小化」を考えておかなければならない。

（4） 特別支援教育の「中核領域」とのコラボレーション

　通常の学級の授業ユニバーサルデザインのもう1つの課題は，特別支援教育の「中核領域」とのコラボレーションの在り方である。ここで言う中核領域とは，学び方の違いに応じた学習支援をさす。ディスレクシアや書くことの困難，記憶や計算の困難など，いわゆる「学び方の違う子」に対する個別的な合理的配慮を授業ユニバーサルデザインの中でどう取り扱うかは，

今後の大きな課題となろう。具体的な例としては，読みの困難に対するルビ打ち，拡大文字の使用，読み上げによる支援，書きの困難に対してプリンター印字や口頭での解答を認めること，デジタルカメラやタブレットの使用などがあげられるが，中学校ではこれまで認められにくかったこれらの配慮を積極的に取り入れ，一斉授業の中に位置づけていくこと，周囲の生徒の理解を図っていくことを，授業ユニバーサルデザインを実践される先生方に期待している。

（花熊　曉）

あとがき

　国連の障害者権利条約の批准，障害者差別解消法の施行，障害者雇用促進法の改正，インクルーシブ教育システムの構築など，ここ数年の共生社会の実現に向けた動きには目覚ましいものがあり，学校現場でも，特別な教育ニーズがある児童生徒のための基礎的環境整備と合理的配慮を，具体的にどう進めていくかが大きな課題となっている。
　本書は，こうした動向を背景として，いま学校教育が取り組まなければならない課題をまとめたものであるが，全体を通じて，以下の2つの視点のもとに中学校での教育実践を紹介している。
　第1は，学校環境や授業のユニバーサルデザイン化が，学校教育の中に「多様性の尊重」（ダイバーシティー）の理念を定着させ，我が国がいま目指す「共生社会」を実現していく上で役立つという視点である。ユニバーサルデザインの授業では，学級のすべての子どもたちが「楽しく，わかる，できる」ことが目標とされるが，そうした授業は，特別な支援ニーズがある子への合理的配慮の土台となるだけでなく，学級の子どもたち一人ひとりの違い（＝多様性）を尊重するものでもある。
　第2は，今後，中学校においてこそ授業のユニバーサルデザイン化が進むという視点である。特別支援教育の関係者の間では，これまで，「中学校の特別支援教育は小学校に比べて遅れている」ということがよく言われてきた。しかし，本書で取り上げた中学校での実践が示すように，いま全国各地の中学校で学校環境や授業のユニバーサルデザイン化の取り組みが行われるようになっており，その取り組みは今後大きく広がっていくことが予想される。とりわけ，ユニバーサルデザインの視点に立った授業づくりという点で，中学校がもつ可能性は大きい。
　授業のユニバーサルデザイン化とは，「個」から出発する特別支援教育の視点と「授業」から出発する教科教育法のコラボレーションとも言えるが，教科担任制をとる中学校では各教員の教科についての専門性は高く，そのことがユニバーサルデザインの授業の質を高める推進力となる可能性を秘めているのである。あとは，本書で繰り返し述べられている「各教科の違いを越えた共通の視点」をもつことができれば，中学校授業のユニバーサルデザイン化は大きく進展するのではないだろうか。

　本書は，関西地区の中学校での実践をまとめたものである。
　第1章1・2では，中学校期の特色と中学校でユニバーサルデザインの学校・授業づくりが求められる背景について述べ，3では，学校全体で取り組む学校・学習環境の整備と教科の違いを越えたユニバーサルデザインの授業づくり，そして，そのための学校体制づくりについて論じている。さらに，4では，中学校通級指導教室における事例を通した取り組みを紹介して

いるが，通級指導教室での個別的な支援の紹介にとどまらず，通常の学級における授業ユニバーサルデザインとの連携や，通級指導教室が中心となった全市町的な体制づくりについての実践報告である点が，本書独自の視点となっている

　第2章1は，7つの教科でのユニバーサルデザインの視点に立った中学校の授業実践の紹介であるが，いわゆる「主要5教科」だけでなく，音楽科，美術科，特別な教科道徳の授業も取り上げている。また，授業での支援をどう進めるかが課題となっている英語科の授業における様々な工夫の紹介は，中学校で学習支援に取り組む人たちにとって参考になるものであろう。2では，これもまた中学校の大きな課題である進路指導と高校への進学移行支援の実践記録であり，中学校の先生方には大いに役立つ内容と考えている。特に，「2テストへの配慮」の項は，小学校期から大学受験までの長期的な支援の記録として貴重なものである。

　第3章では，第2章までに述べられた学校・授業のユニバーサルデザイン化に際しての情報共有の在り方や教科の枠を越えた授業研究での評価の視点について紹介し，中学校のユニバーサルデザインの今後の課題についてもまとめている。

　以上のような本書の内容が，中学校で特別支援教育の推進とユニバーサルデザインの学校・授業づくりに取り組んでおられる諸先生方の参考になれば幸いである。

　最後に，本書の公刊は，関西地区の多くの中学校を精力的に巡回され，各校の授業研究を支援すると共に，その実践を紹介すべくとりまとめられた米田和子氏のお力によるところが大きい。また，本書の上梓は，多忙を理由に怠けがちな編者を辛抱強く励ましてくださった明治図書編集部の佐藤智恵氏あってのことである。お二人に深く感謝申し上げたい。

編著者　花熊　曉

【編著者紹介】

花熊　曉（はなくま　さとる）
愛媛大学教育学部教授
(社)日本LD学会理事
(財)特別支援教育士資格認定協会副理事長
特別支援教育士SV，言語聴覚士

米田　和子（よねだ　かずこ）
現在NPO法人ラヴィータ研究所　子ども発達相談センター・リソース「和」所長
特別支援教育士SV，学校心理士，臨床発達心理士

【執筆者紹介】（掲載順，所属は執筆時）
辻　真佐美　　兵庫県川辺郡猪名川町立中谷中学校
草場　綾女　　大阪府茨木市立養精中学校
大槻由美子　　兵庫県川辺郡猪名川町立猪名川中学校
赤野　秀実　　京都府宇治市教育委員会
三木さゆり　　大阪府大阪市立長吉中学校
村井　敏宏　　奈良県生駒郡平群町立平群小学校

通常の学級で行う特別支援教育
中学校　ユニバーサルデザインと合理的配慮でつくる授業と支援

2016年9月初版第1刷刊　ⓒ編著者	花　熊　　　曉
2017年11月初版第2刷刊	米　田　和　子
発行者	藤　原　光　政

発行所　明治図書出版株式会社
　　　　http://www.meijitosho.co.jp
　　　　（企画）佐藤智恵（校正）松井菜津子
〒114-0023　東京都北区滝野川7-46-1
振替00160-5-151318　電話03(5907)6703
ご注文窓口　電話03(5907)6668

＊検印省略　　　組版所　株式会社カシヨ

本書の無断コピーは，著作権・出版権にふれます。ご注意ください。

Printed in Japan　　　　ISBN978-4-18-258526-5
もれなくクーポンがもらえる！読者アンケートはこちらから →